만남

밀란 쿤데라 전집
Milan Kundera 14

만남

밀란 쿤데라 에세이
한용택 옮김

민음사

UNE RENCONTRE
by Milan Kundera

Copyright © Milan Kundera 2009
All rights reserved.

All adaptations of the Work for film, theatre, television and radio are strictly prohibited.

Korean Translation Copyright © Minumsa 2012, 2021

Korean translation edition is published by arrangement with
Milan Kundera c/o The Wylie Agency (UK) Ltd.

이 책의 한국어판 저작권은
The Wylie Agency (UK) Ltd와 독점 계약한
(주)민음사에 있습니다.

저작권법에 의해 한국 내에서 보호를 받는 저작물이므로
무단 전재와 무단 복제를 금합니다.

내 성찰과의, 내 추억과의,

(실존적이고 미학적인) 내 오랜 주제와의,

내 오랜 사랑(라블레, 야나체크, 펠리니, 말라파르테……)과의

만남…….

차례

1부 화가의 난폭한 몸짓
_프랜시스 베이컨에 대해서 9

2부 소설, 실존 측정기들 35
희극성의 희극적 부재_ 도스토옙스키, 『백치』
죽음과 호화로움_ 루이페르디낭 셀린, 『성(城)에서 성(城)으로』
가속되는 역사 속의 사랑_ 필립 로스, 『욕망의 교수』
인생의 나이에 대한 비밀_ 구드베르구르 베르그손, 『백조의 날개』
순정적인 사랑, 공포의 자식_ 마레크 비엔치크, 『트보르키』
추억의 와해_ 후안 고이티솔로, 『그리고 막이 내릴 때』
소설과 생식(生殖)_ 가브리엘 가르시아 마르케스, 『백년의 고독』

3부 블랙리스트들, 혹은 아나톨 프랑스에게
바치는 디베르티멘토 65

4부 완전한 상속의 꿈 101
라블레와 미조뮈즈들에 대한 대화
베토벤에게 있어서 완전한 상속의 꿈
원(原)-소설, 카를로스 푸엔테스의 생일에 부치는 공개 편지
유산의 전적인 거부 혹은 이안니스 크세나키스

5부 복합적인 만남처럼 아름다운 127

6부 **다른 곳에서**　**151**

　베라 린하르토바가 말하는 해방 망명
　한 이방인의 건드릴 수 없는 고독
　내밀함과 우정
　꿈을 뒤지는 초현실주의자들과 라블레에 대한 변함없는 사랑
　위대한 두 봄에 대해서 그리고 슈크보레츠키 부부에 대해서
　그대는 아래에서부터 장미 향을 맡을 것이다

7부 **나의 첫사랑**　**177**

　외다리의 위대한 달리기
　향수에 젖게 하는 최고의 오페라

8부 **쇤베르크를 잊음**　**199**

　이것은 내 축제가 아니다
　베르톨트, 그대에게서 무엇이 남을 것인가?
　쇤베르크를 잊음

9부 **『가죽』, 원(原)-소설**　**211**

1부   화가의 난폭한 몸짓

1

 어느 날 프랜시스 베이컨의 초상화와 자화상에 대한 책을 출간하려는 미셸 아르셍보가 베이컨의 그림에서 영감을 받은 에세이를 한 편 써 달라고 내게 제안한다. 그는 그 일이 화가 자신이 원했던 것임을 내게 단언한다. 그는 예전에《라르크》에 실렸던 내 짧은 글을 상기시키는데, 베이컨이 스스로를 발견한 드문 책 가운데 하나라고 여겼던 글이라고 한다. 한 번도 보지 못했지만 그토록 찬미했던 예술가로부터 몇 년의 세월이 흐른 뒤 받은 이 메시지 앞에서의 감동을 나는 부인할 수 없을 것이다.
 (나중에『웃음과 망각의 책』의 일부에 영향을 미친)《라르크》의 그 글은 헨리에터 모레스의 초상화 삼부작에 관한 것인데, 나는 그 글을 아주 초기인 1977년 즈음에, 그때 막 떠나왔지만 심문과 감시의 땅으로 기억 속에 남아 있던 나라에 대한 추억

에서 벗어나지 못한 상태에서 썼다. 지금 나는 베이컨의 예술에 대한 새로운 성찰을 예전의 같은 텍스트로부터 시작할 수밖에 없다.

2

 "1972년이었다. 우리가 빌린 프라하 교외의 한 아파트에서 나는 어떤 젊은 여자를 만났다. 이틀 전 그녀는 경찰로부터 나에 대해 하루 종일 심문을 받았었다. 그녀는 자신이 어떤 질문을 받았는지 그리고 그녀가 어떻게 대답했는지를 이야기해 주기 위해 비밀리에 (그녀는 늘 있는 미행을 두려워했다.) 나를 만나고 싶어 했다. 혹시 있을지도 모를 심문에 대비해서 내 대답과 그녀의 대답이 같아야 했기 때문이다.

그녀는 아직 세상을 잘 알지 못하는 젊은 아가씨였다. 심문이 그녀의 심신을 불안정하게 했고, 두려움은 사흘 전부터 그녀의 내장을 뒤흔들었다. 그녀는 안색이 무척 창백했으며, 우리가 대화하는 동안 화장실에 가기 위해 끊임없이 방을 나가곤 했다. 덕분에 우리의 만남 내내 저수조를 채우던 물소리가 함께했다.

나는 그녀를 오래전부터 알았다. 그녀는 지성적이었고, 기지가 가득했으며, 자신의 감정을 완벽하게 조절할 줄 알았고, 언제나 완전무결하게 옷을 입었기에 그녀의 치마는 그녀의 행동과 마찬가지로 한 치의 나신(裸身)도 짐작하게 하는 것을 허락하지 않았다. 그런데 큰 칼과도 같은 두려움이 그녀를 단번에 풀어 젖힌 것이다. 그녀는 정육점 고리에 매달린 어린 암소의 잘린 몸뚱이처럼 헤벌어진 채 내 앞에 있었다.

화장실 저수조를 채우는 물소리가 거의 그치지 않는 와중에, 나는 돌연 그녀를 강간하고 싶은 욕망을 느꼈다. 나는 내가 무슨 말을 하는지 잘 안다. 그녀를 강간하고 싶은 욕망이지 그녀와 사랑을 나누고 싶은 욕망이라고는 하지 않았다. 나는 그녀의 애정을 바라지 않았다. 나는 그녀의 얼굴에 내 손을 난폭하게 대고, 참을 수 없을 정도로 자극적인 그녀의 모든 모순과 함께 순식간에 그녀의 전부를 취하고 싶었다. 완전무결한 그녀의 치마와 반항하는 그녀의 창자, 그녀의 이성과 그녀의 두려움, 그녀의 자부심과 그녀의 불행을 모두 같이 취하고 싶었던 것이다. 나는 그런 모든 모순이 그녀의 본질을 숨기고 있다는 인상을 받았다. 보물, 금괴, 내면 깊은 곳에 감추어진 다이아몬드 같은 것들 말이다. 나는 그녀를 그녀의 창자 속 똥 그리고 형언할 수 없이 고귀한 그녀의 영혼과 함께 단 한순간에 빼앗고 싶었다.

하지만 나는 나를 뚫어지게 쳐다보던 불안으로 가득 찬 그 두 눈(합리적인 얼굴의 불안에 떠는 두 눈)을 보고 있었으며, 그 눈이 불안에 떨면 떨수록 내 욕망은 더욱 더 터무니없어지고,

더 바보 같아지고, 더 파렴치해지고, 더 이해할 수 없어지고, 더 실현 불가능해졌다.

부적절하고 용납할 수 없었지만, 그래도 그 욕망은 여전히 현실적이었다. 나는 그것을 부정할 수 없었다. 그리고 내가 프랜시스 베이컨의 삼부작 초상화를 바라볼 때는 마치 그 기억이 되살아나는 것 같다. 화가의 시선은 난폭한 손처럼 얼굴에 놓여 있었고, 얼굴의 정수를, 내면 깊은 곳에 감추어진 그 다이아몬드를 빼앗으려 하고 있었다. 물론 내면 깊은 곳이 정말 무엇인가를 감추고 있는지는 확실하지 않다. 하지만 그것이 무엇이든 간에 우리 모두에게는 이런 난폭한 몸짓, 타인의 내면과 배후에 숨겨진 무엇인가를 찾고자 하는 희망을 품고 타인의 얼굴을 마구 구기는 이런 손의 움직임이 있다."

3

　베이컨의 작품에 대한 최고의 논평은 두 번의 대담을 한 베이컨 자신이다. 한 번은 1976년 실베스터와의 대담이고, 다른 한 번은 1992년 아르셍보와의 대담이다. 두 번의 대담에서 그는 경탄하며 피카소에 대해 이야기했는데, 특히 1926년부터 1932년까지에 대해서였고, 이 시기는 그가 진정으로 피카소와 가깝다고 느낀 시기이기도 하다. 그가 '아직까지 탐색되지 않은 영역, 유기적인 형식이 인간 모습과 관계되지만 그 모습을 완전히 비틀어 버리는'(강조는 내가 한 것이다.) 새로운 영역이 열리는 것을 보는 것이 바로 이 시기다.
　이 짧은 시기를 제외하면, 피카소 작품 대부분에서 인체 모티프들을 유사함에 구애받지 않는 2차원적인 형태로 변형하는 것은 화가의 가벼운 몸짓이라고 말할 수 있을 것이다. 베이컨에게 있어서는 피카소의 유희적 행복감이 우리가 존재한다는 사실 앞에서, 그러니까 우리가 물질적으로, 육체적으로 존재한다는 사실 앞에서 느끼는 놀라움으로 (아니면 공포로) 대체된다. 이 공포에 사로잡힌 화가의 손은 (오래전에 내가 쓴 글의 표현을 빌자면) '내면과 배후에 숨겨진 무엇인가를 찾고자 하는 희망을 품고' '난폭한 몸짓'으로 육체에, 얼굴에 가닿는다.

도대체 무엇이 숨겨져 있는가? 그의 '자아'인가? 물론 초상화는 일단 그려지면 모두 모델의 '자아'를 드러내려고 한다. 하지만 베이컨은 도처에서 '자아'가 모습을 감추기 시작하던 시대에 산다. 아닌 게 아니라 더할 나위 없이 평범한 경험을 통해서 (특히 우리가 살아온 인생이 지나치게 길 때) 우리는 사람들의 얼굴이 비참하게도 다 비슷해서 (눈사태처럼 몰상식한 인구 증가가 이러한 느낌을 더욱 증대한다.) 쉽게 혼동되며, 가까스로 알아볼 수 있는 아주 하찮은 것에 의해 구분된다는 사실을 배운다. 이런 하찮은 것은, 수학적으로 말해, 종종 균형의 배치에 있어서의 몇 밀리미터 차이만으로 대변된다. 여기에 우리의 역사적 경험이 덧붙는데, 인간은 서로를 모방하면서 행동하며, 인간의 태도는 통계적으로 측정될 수 있어서 여론 조작이 가능하고, 그에 따라 인간은 하나의 개인(주체)이라기보다는 대중의 한 부분이라는 것을 이해하게 만드는 경험이다.

깊은 곳 어딘가에 숨겨진 '자아'를 찾기 위해 화가의 손이 강간이라도 하듯 '난폭한 몸짓'으로 모델들의 얼굴에 가닿는 것은 바로 이런 회의의 시대에서다. 베이컨의 탐구 안에서 형태들은 '완벽한 왜곡'의 지배를 받지만, 결코 살아 있는 유기체의 성격을 잃지 않으며, 그 형태들이 육체적으로 실재한다는 생각을, 그것들이 살로 이루어졌다는 생각을 불러일으키고 여전히 삼차원적인 외양을 간직한다. 더구나 그 형태들은 모델과 닮기까지 한 것이다! 그런데 모델을 의식적으로 왜곡한 초상화가 어떻게 모델과 닮을 수 있을까? 초상이 그려진 인물들의 사진이 이것을 증명한다. 그것들은 서로 닮았다. 같은 인물의 초상화를 구성하는 세 변이가 나란히 놓인 삼부작을 자세히 보자. 이 변이들은 서로 다르지만, 동시에 그것들 모두에 공통적인 무엇인가가 있다. '숨겨진 다이아몬드, 보물, 금괴', 바로 얼굴의 '자아'인 것이다.

4

나는 이것을 다르게 표현할 수도 있었다. 베이컨의 초상화는 '자아'의 한계에 대한 질문이다. 어느 정도까지 왜곡될 때 한 개인은 여전히 그 자신으로 남아 있을까? 어느 정도까지 왜곡될 때, 사랑하는 존재는 여전히 사랑하는 존재로 남아 있을까? 소중한 얼굴이 질병 때문에, 광기 때문에, 증오 때문에, 죽음 때문에 멀어질 때, 얼마나 오랫동안 그 얼굴을 알아볼 수 있을까? '자아'가 더 이상 '자아'이기를 멈추는 경계는 어디인가?

5

 현대 예술과 관련된 나의 상상 갤러리 안에서 베이컨과 베케트는 오래전부터 하나의 짝을 이루었다. 그리고 나는 아르셍보의 대담을 읽는다. "베케트와 나의 연관성에 대해 나는 늘 놀랐습니다."라고 베이컨이 말한다. 조금 더 밑에는 "……나는 베케트와 조이스가 말하려고 애쓰던 것을 셰익스피어가 훨씬 더 잘 그리고 훨씬 더 정확하고 더 강력한 방식으로 표현했다고 늘 생각했습니다." 그리고 또 "나는 자신의 예술에 관한 베케트의 사상이 결국 그의 작품을 죽이고 만 것이 아닌가 자문해 봅니다. 그에게는 지나치게 체계적인 동시에 지나치게 이성적인 무엇인가가 있는데, 나를 늘 불편하게 하는 게 아마 그것일 것입니다." 마지막으로 "회화에서는 언제나 관습적인 것들을 지나치게 많이 남기고 결코 충분히 제거하지 않지만, 베케트의 작품에서는 너무 많은 것을 제거하려고 한 나머지 아무것도 남지 않았다는 인상, 그리고 이 아무것도 남지 않음이 공허한 울림을 일으킨다는 인상을 자주 받습니다."

예술가가 다른 예술가에 대해 말한다는 것은 언제나 (간접적으로, 우회적으로) 자신에 대해 말하는 것이며, 그 점이 예술가의 판단이 흥미로운 이유다. 베케트에 대해 말하면서 베이컨은 자기 자신에 대해 무슨 말을 하는 것일까?

그는 분류되기를 원하지 않는다고 말한다. 그는 상투성으로부터 자신의 작품을 보호하길 원한다고 말한다.

그다음에는, 비교할 수 없는 고유한 가치 그리고 전적으로 독자적인 기준을 지닌 현대 예술이 예술의 역사에서 마치 고립된 시기를 표상하기라도 하듯, 전통과 현대 예술 사이에 장벽을 친 모더니즘 교조주의자들에게 저항한다고 말한다. 결국 베이컨은 예술의 역사를 총체성 속에서 내세운다. 20세기라고 해서 우리가 셰익스피어에게 진 빚을 면제해 주지는 않는 것이다.

또한 그는 자신의 예술이 지극히 단순화된 하나의 메시지로 변형되도록 내버려두는 것을 두려워하기에, 예술에 대한 자신의 사상을 지나치게 체계적인 방법으로 표현하는 것을 삼간다. 그는 작품이 그것을 보는 (또는 읽거나 듣는) 사람과, 미디어를 통하지 않은 그리고 선입견이 개입되지 않은 직접적인 접촉을 하지 못하도록 방해하는 요란하고 불투명하며 이론을 내세우는 다변증(多辯症)에 의해 최근 반세기의 예술이 오염되면 될수록 더욱 더 위험이 커진다는 사실을 안다.

그래서 가능한 모든 곳에서 베이컨은 자취를 지워, 자기 작품의 의미를 하나의 비관주의-상투성으로 단순화하려는 전문가들을 당황하게 한다. 그는 자신의 예술에 대해서 '공포'라는 단어를 사용하기를 꺼린다. 그는 자신의 그림에서 우연이 차지하는 역할을 강조한다.(뜻밖에 떨어진 물감 얼룩이 단번에 그림의 주제를 바꾸듯, 작업 중에 돌발적으로 발생하는 우연이다.) 모든 사람이 그의 그림을 보고 엄숙함에 환호할 때, 그는 '놀이'라는 단어를 강조한다. 사람들이 실망에 대해서 말하고 싶었을까? 그럴 수도 있지만, 그는 곧 이렇게 명시한다. 그의 경우에 그것은 '유쾌한 실망'이라고.

6

 베케트에 관한 성찰에서 베이컨은 "회화에서는 언제나 관습적인 것들을 지나치게 많이 남기고 결코 충분히 제거하지 않지만……."이라고 말한다. 지나치게 많은 관습적인 것들, 이것은 화가의 발견이 아니고, 참신한 기여가 아니며, 독창적이지 않은 모든 것을 의미한다. 이것은 유산(遺産), 관례, 채우기, 기술적 필요에 의해 유지되는 구상과 관련된 모든 것이다. 예를 들어 (모차르트나 베토벤 같은 대가의 경우도 마찬가지인데) 소나타 형식에서 (매우 의례적이기 일쑤인) 하나의 테마로부터 다른 테마로의 전이다. 거의 모든 현대 예술가는 이러한 '채우기'를 없애려 한다. 관습으로부터 기인하는 모든 것, 본질적인 것에 직접적이고 절대적으로 다가가는 것을 방해하는 일체의 것을 없애려 한다.(본질적인 것은 예술가 그 자신이며, 오직 예술가만이 말할 수 있다.)

베이컨도 마찬가지다. 그의 그림 배경은 단일 색조로, 극도로 단순하다. 그렇지만 전경(前景)의 몸들은 조밀한 형태와 색을 사용하여, 그만큼 풍부하게 처리되었다. 그런데 그에게 아주 중요한 문제는 바로 이러한 (셰익스피어 식) 풍부함이다. (단색 배경과 대조를 이루는) 이 풍부함이 없다면 아름다움은 마치 다이어트를 하거나 쇠약해진 것처럼 금욕주의적 아름다움이 될 것이기 때문이다. 베이컨에게 있어서 언제나 그리고 무엇보다도 중요한 것은 아름다움 또는 이 아름다움의 폭발이다. 비록 이 단어가 오늘날 그 가치가 손상되고 유행에 뒤떨어진 것처럼 보여도, 베이컨을 셰익스피어와 연결해 주는 것이 바로 이 단어이기 때문이다.

그리고 이것은 사람들이 그의 그림에 고집스럽게 적용하는 '공포'라는 단어가 그를 당혹스럽게 만드는 이유다. 톨스토이는 레오니트 안드레예프와 그의 암울한 소설들에 대해서 "그는 나를 두렵게 만들기를 원하지만, 나는 두렵지 않다."라고 말했다. 오늘날 너무 많은 작품들이 우리를 두렵게 만들기를 원하지만 우리를 지루하게 할 뿐이다. 두려움은 미학적인 감정이 아니며, 톨스토이의 소설들에서 보이는 공포는 결코 우리를 두렵게 만들기 위한 것이 아니다. 치명적인 부상을 입은 안드레이 볼콘스키를 마취 없이 수술하는 애절한 장면에 아름다움이 결핍된 것이 아니다. 그것은 셰익스피어의 그 어떤 장면에도 아름다움이 결핍되지 않은 것과 마찬가지이며, 베이컨의 그 어떤 그림에도 아름다움이 결핍되지 않은 것과 마찬가지다.

푸주한의 가게들은 끔찍하다. 하지만 베이컨이 그에 대해 말할 때 그는 "화가에게 있어서 그곳에는 고기의 색이라는 위대한 아름다움이 있다."라는 점을 잊지 않고 알아차리게 한다.

7

 베이컨 자신이 유보적인데도 내가 끊임없이 그를 베케트와 가깝다고 보게 만드는 것은 무엇일까?
 두 사람 모두 그들이 속한 각각의 예술 역사에서 비슷한 위치에 있다. 말하자면 그들 각자는 극예술의 맨 마지막 시기와 미술사의 맨 마지막 시기에 있는 것이다. 왜냐하면 베이컨은 오일과 붓을 언어로 사용하는 마지막 화가들 중 한 사람이다. 그리고 베케트는 작가의 텍스트가 기본이 되는 극작품을 여전히 쓴다. 베케트 이후에도 연극은 존재하는 것이 사실이고, 또 진화할 수도 있지만, 이러한 진화에 영감을 주고 혁신하며 그 진화를 보장하는 것은 더 이상 극작가의 텍스트가 아니다.
 현대 예술사에서 베이컨과 베케트는 새로운 길을 여는 사람들이 아니다. 그들은 길을 닫는다. 어떤 현대 예술가가 중요하느냐고 묻는 아르셍보에게 베이컨은 "피카소 이후에는 잘 모르겠습니다. 지금 로열 아카데미에서 팝아트 전시회가 열리는데 (……) 그렇게 모인 그림들을 모두 봐도 아무것도 보이지 않네요. 제 생각에는 그 안에 아무것도 없는 것 같아요, 비었어요, 완전히 비었어요."라고 말한다. 그러면 워홀은? "……저에게 그는 중요한 사람은 아닙니다." 그러면 추상 예술은? 물론 아니다, 베이컨은 추상 예술을 좋아하지 않는다.

"피카소 이후에는 잘 모르겠습니다." 그는 마치 고아처럼 말한다. 그리고 그는 고아다. 자신의 인생이라는 아주 구체적인 의미에서조차 그는 고아다. 길을 열던 사람들은 동료, 해설자, 숭배자, 지지자, 동행자 등의 무리 전체에 둘러싸였다. 그는 혼자다. 베케트가 혼자인 것과 마찬가지다. 실베스터와의 대담에서 그가 말한다. "같이 작업하는 여러 예술가들 중 한 명이 된다면 더 신이 날 거라고 생각합니다. (……) 같이 이야기할 수 있는 누군가가 있다는 것은 정말 유쾌한 일일 것이라고 생각합니다. 지금은 같이 이야기할 만한 사람이 전혀 없습니다."

왜냐하면 그들의 모더니즘, 문을 닫는 그들의 모더니즘은 그들을 둘러싼 모더니티에 더 이상 부응하지 않기 때문이다. 그들을 둘러싼 것은 예술의 마케팅이 촉발한 유행의 모더니티다. (실베스터: "추상화가 더 이상 형태의 배열이 아니라면, 추상화를 대할 때 구상화를 대할 때와 동일한 본능적 반응을 보이는 나 같은 사람들이 간혹 있다는 것을 어떻게 설명하시겠습니까?" 베이컨: "유행이죠.") 위대한 모더니즘이 문을 닫는 시대에 모던하다는 것은 피카소의 시대에 모던한 것과는 완전히 다른 것이다.

베이컨은 고립되었다. ("같이 이야기할 만한 사람이 전혀 없습니다.") 그는 과거 쪽에서도 미래 쪽에서도 고립된 것이다.

8

베이컨과 마찬가지로 베케트도 세상의 미래나 예술의 미래에 대해서 환상을 품지 않았다. 그리고 이 환상의 종말 순간에, 그들에게서는 엄청나게 흥미롭고 의미 있는 동일한 반응이 보인다. 전쟁, 혁명과 실패, 대학살, 민주주의의 사기, 이런 주제들은 그들의 작품에서 일체 보이지 않는다. 이오네스코는 「코뿔소」에서 여전히 거대한 정치적 문제에 대해 관심을 보인다. 베케트에게는 그런 모습이 전혀 없다. 피카소는 여전히 「한국에서의 학살」을 그린다. 베이컨에게서는 상상할 수 없는 주제다. (베케트와 베이컨이 사는 것과 같은, 또는 산다고 생각하는 것과 같은) 한 문명의 종말을 살아갈 때에, 최후의 난폭한 대면은 사회나 국가 또는 정치와의 대면이 아니라 인간의 생리적인 물질성과의 대면이다. 예전에는 일체의 윤리와 종교, 나아가서는 일체의 서양 역사를 응축했던 십자가에 못 박힌 예수라는 거대한 주제조차도 베이컨에게 있어서는 단순히 생리적인 스캔들로 변형되는 이유다. "나는 도살장과 고기와 관련된 이미지들에 늘 감동을 받았고, 내게 있어서 그 이미지들은 십자가에 못 박힌 예수가 무엇인가라는 문제와 밀접하게 연결되어 있습니다. 도살하기 위해서 밖으로 끌려나오는 바로 그 순간에 촬영된 동물들의 놀라운 사진이 있습니다. 그리고 죽음의 냄새……."

십자가에 못 박힌 예수와 동물들의 공포를 연관시키는 것은 신성모독처럼 보일 수도 있다. 하지만 베이컨은 무신론자이고, 신성모독의 개념은 그의 사고방식 안에 설 자리가 없다. 베이컨에 따르면 "이제 인간은 자신이 우발적 존재이고 의미 없는 존재이며 아무 이유 없이 끝까지 유희를 즐겨야 한다는 것을 실감한다." 이런 시각에서 보면 예수는 아무 이유 없이 끝까지 유희를 즐긴 우발적 존재다. 십자가는 아무 이유 없이 끝까지 즐긴 유희의 종말이다.

그렇다, 신성모독은 없다. 오히려 본질적인 것을 향해 침투하려고 애쓰는 명철하고 슬프며 사색에 잠긴 하나의 시선이 있다. 모든 사회적 꿈이 증발해 버리고 인간이 "자신을 위한 종교적 가능성이 완전히 무효화되는" 것을 목격하는 이 시기에 어떤 본질적인 것이 드러날 수 있을까? 몸이다. 몸은 명백하고 비장하고 구체적인 유일한 에케 호모다. 왜냐하면 "우리는 고깃덩어리고, 우리는 잠재적인 해골인 것이 분명하다. 정육점에 갈 때면, 나는 내가 동물을 대신해서 그 자리에 있지 않다는 사실에 늘 놀라"기 때문이다.

그것은 비관론도 아니고 절망도 아니며, 단순한 명백함이다. 하지만 그 명백함은 우리가 어떤 집단에 소속되어 있기 때문에 평소에는 베일에 가려 있는데, 그 집단은 자신의 꿈, 선동, 계획, 환상, 투쟁, 동기, 종교, 이데올로기, 열정 등으로 우리 눈을 멀게 한다. 그리고 언젠가는 베일이 걷힐 것이고, 우리는 몸과 단둘이 남겨지고, 몸이 우리를 좌우하게 될 것이다. 마치 심문에 쇼크를 받은 뒤 삼 분마다 화장실로 사라지던 프라하의 아가씨가 그랬던 것처럼 말이다. 그녀는 두려움, 자기 내장의 격통 그리고 저수조에서 흘러내리는 물소리로 환원되었었다. 마치 베이컨의 1976년 작 「변기 옆의 인물」이나 1973년 작 「삼부작」을 보면서 내가 물소리를 듣는 것과 마찬가지다. 그 프라하의 아가씨가 대항해야 했던 것은 더 이상 경찰이 아니라 그녀 자신의 복부였고, 만약 보이지 않는 누군가가 그 공포의 장면을 주재했다면, 그것은 경찰관이나 공산당 간부 또는 사형집행인이 아니라, 신(神), 반-신(反-神), 그노시스설(說) 신봉자들의 못된 신, 조물주, 창조주 등, 자신의 아틀리에에서 대충 붙여 만든 몸의 우연성으로 우리를 영원한 함정에 빠트린 자이며, 우리는 어쩔 수 없이 당분간 그 몸의 영혼이 될 수밖에 없다.

베이컨은 이 창조자의 아틀리에를 자주 염탐했다. 예를 들어 「인체 연구」라는 제목이 붙은 그림들에서 이를 확인할 수 있는데, 그는 이 그림들에서 인간 몸의 정체가 단순한 '우연성'임을, 예컨대 손이 세 개이거나 무릎에 눈이 달리거나 하는 것처럼 전혀 다른 모습으로 만들어질 수도 있었던 우연성임을 밝힌다. 그의 그림들에서 나를 공포로 채우는 유일한 것들이다. 그런데 '공포'는 적절한 단어일까? 아니다. 이 그림들이 불러일으키는 감정들에 적절한 단어는 없다. 이것들이 불러일으키는 것은 우리가 익히 아는 공포, 그러니까 역사의 광기, 고문, 박해, 전쟁, 대학살, 고통, 이런 것들에 의한 공포가 아니다. 그렇다. 그것은 베이컨에게 있어서 전혀 다른 공포다. 그 공포는 화가에 의해 급작스럽게 베일이 벗겨진 인간 몸의 우발적 성격에서 기인하는 것이다.

9

거기까지 내려가면 우리에게 무엇이 남을까?

얼굴이다.

얼굴은 무한히 연약하며 몸 안에서 전율하는 '자아', 즉 '이 숨겨진 다이아몬드, 이 보물, 이 금괴'를 은닉하고 있다.

얼굴, 나는 그곳에 시선을 고정한 채 인생이라는, '의미가 결핍된 이 우연성'의 삶을 살기 위한 이유를 찾는다.

2부 소설, 실존 측정기들

희극성의 희극적 부재
도스토옙스키, 『백치』

사전은 웃음을 "재미있고 희극적인 어떤 것에 의해 촉발되는" 반응이라고 정의한다. 이 말이 사실일까? 도스토옙스키의 소설 『백치』로부터 웃음에 대한 온전한 선집 한 권을 끄집어낼 수 있을 것이다. 희한한 점은 가장 많이 웃는 인물들이 유머 감각이 가장 많은 사람들이 아니라, 이와 반대로 유머 감각이 전혀 없는 사람들이라는 것이다. 한 무리 젊은이들이 시골의 한 빌라에서 나와 산책을 한다. 그들 가운데 세 아가씨들이 "예브게니 파블로비치의 농담에 대해 어찌나 만족한 듯 웃었는지, 파블로비치는 자신이 한 말을 그녀들이 더 이상 듣지 않을지도 모른다고 의심하게 되었다." 이 의심 때문에 "그는 갑자기 웃음을 터뜨렸다." 훌륭한 관찰이다. 우선 웃는 동안에 왜 웃었는지를 잊어버린 채 이유 없이 계속 웃는 아가씨들의 집단적 웃음이 있다. 그다음으로는 아가씨들의 웃음에 우스운 이유가 전혀 없다는 사실을 알아차린 예브게니 파블로비치의 웃음이 있는데(매우 드물고 귀중한 웃음이다.) 그는 이러한 희극성의 희극적 부재를 마주하고 웃음을 터뜨린다.

　이것은 아글라이아가 미시킨에게 초록색 벤치를 보여 주면서, 모든 사람들이 아직 잠든 오전 7시쯤에 그녀가 매일같이 와서 앉는 곳이라고 말하는 그 공원에서의 산책 중에 일어난 일이다. 저녁에는 미시킨의 생일 파티가 있다. 심각하고 견디기 힘든 그 모임은 밤늦게 끝난다. 과하게 흥분한 미시킨은 집을 나와 공원을 어슬렁거린다. 그곳에서 그는 아글라이아가 자신에게 가리켰던 초록색 벤치를 다시 본다. 벤치에 앉으면서 그는 "별안간 큰 소리로 웃음을 터뜨린다." 보기에도 이 웃음은 "우습거나 희극적인 무엇인가에" 촉발되지 않았다. 게다가 바로 이어지는 문장이 이를 확인해 준다. "그는 불안을 떨칠 수 없었다." 그는 앉은 채로 잠이 든다. "맑고 신선한" 웃음이 그를 깨운다. "아글라이아가 그의 앞에 서 있었고, 그녀는 큰 소리로 웃고 있었다. 그녀는 웃는 동시에 화를 내고 있었다." 이 웃음 또한 "우습거나 희극적인 무엇인가에" 촉발되지 않았다. 아글라이아는 미시킨에게 자기를 기다리면서 잠이 드는 좋지 않은 취미가 있다고 화를 낸다. 그녀는 그를 깨우기 위해 웃었던 것이다. 그가 얼마나 우스꽝스러운지를 알려 주기 위해서이며, 엄격한 웃음으로 그를 질책하기 위해서였던 것이다.

　희극적 이유가 없는 또 다른 웃음이 생각난다. 프라하의 영화학부에서 공부할 때 나는 웃으면서 농담을 하는 학생들에게 둘러싸였던 적이 있다. 그중 알로이 D라는, 시(詩)에 푹 빠진 점잖은 청년이 있었는데, 약간 지나치다 싶을 정도로 자아도취적이면서도 이상하게 부자연스러운 구석이 있는 학생이었다. 그가 입을 크게 벌리고는 무척 큰 소리를 내면서 몸짓을 크게 취한다. 나는 그가 웃는다고 말하고 싶다. 하지만 그는 다른 사람들처럼 웃지 않는다. 그의 웃음은 진본들에 섞여 있는 모사본의 효과를 가져 온다. 내가 이 하찮은 기억을 잊지 않은 것은 그때 내가 완전히 새로운 것을 경험했기 때문이다. 나는, 희극적 감각이 전혀 없으며, 마치 발각되지 않기 위해 외국 군대의 군복으로 위장한 스파이처럼 단지 다른 사람들로부터 두드러져 보이지 않기 위한 이유로 누군가가 웃는 것을 보았던 것이다.

내가 그 시절 「말도로르의 노래」 중 한 구절에 깊은 인상을 받았던 것은 알로이 D 덕분인지도 모르겠다. 말도로르는 어느 날 사람들이 웃는다는 사실을 확인하고 경악한다. 기묘하게 얼굴을 찌푸리는 의미를 이해하지 못하면서도 다른 사람들과 같아지기를 원하는 그는 주머니칼을 꺼내 자신의 입꼬리를 자른다.

나는 텔레비전 화면 앞에 있다. 내가 보는 방송은 무척 시끄럽다. 사회자들, 배우들, 스타들, 작가들, 가수들, 모델들, 의원들, 장관들, 장관 부인들이 나오는데, 이들 모두는 기회만 있으면 행동을 보이면서, 입을 크게 벌리고 매우 큰 소리를 내며 과장된 몸짓을 한다. 다르게 표현하면 이들 모두는 웃고 있다. 예브게니 파블로비치가 별안간 이 사람들 사이에 들이닥쳐,

희극적 이유가 전혀 없는 이 웃음을 바라보는 장면을 상상해 본다. 처음에는 어리둥절할 것이고, 그다음에는 그의 두려움이 조금씩 진정될 것이며, 나중에는 이 희극성의 희극적 부재가 "그에게 느닷없는 웃음을 터뜨리게 할 것이다." 그 순간, 조금 전까지 불신감을 품고 그를 바라보던 웃는 사람들은 자기들의 세계, 즉 유머 없는 웃음의 세계로 소란을 떨면서 그를 받아들일 것이다. 이 유머 없는 웃음의 세계, 우리가 어쩔 수 없이 살아야만 하는 세계다.

죽음과 호화로움
루이페르디낭 셀린, 『성(城)에서 성(城)으로』

소설 『성에서 성으로』에 한 암캐 이야기가 나온다. 덴마크의 추운 지방에서 온 이 개는 습관적으로 숲 속을 오랫동안 배회하곤 했다. 이 개가 셀린과 함께 프랑스에 오자 그런 배회는 끝이 난다. 그러고는 어느 날 암에 걸린다.

"……내가 개를 짚더미 위에 눕히려고 했는데…… 막 여명이 튼 후에…… 개는 내가 자기를 눕히기를 바라지 않았고…… 개가 원했던 것은…… 다른 장소에 있는 것이었는데…… 그곳은 집에서 가장 추운 쪽의 자갈 위였다…… 개는 예쁘게 누웠고…… 헐떡거리기 시작했다…… 그걸로 끝이었다…… 사람들이 내게 그렇게 말했고, 나는 그 말이 믿어지지 않았다…… 하지만 사실이었고, 개는 추억을 향해, 자기가 떠나온 곳, 북쪽, 덴마크를 향해 누워 있었다…… 주둥이를 북쪽으로 향하고 북쪽으로 돌아누운 채…… 개는 나름대로 충실한데, 배회하던 저 위쪽 코르쇠르 숲에 충실하고…… 또한 잔혹한 인생에 충실한데…… 뫼동의 숲은 그에게 아무 말도 하지 않았다…… 개는 두…… 세 번 살짝, 가쁜 숨을 살짝…… 눈에 잘 띄지 않게…… 내쉬더니 죽었다…… 작은 신음조차 내지 않고…… 그러니까…… 마치 크게 도약이라도 하듯, 배회 중인 듯, 정말 아름다운 자세로…… 그렇지만 모로 누운 채, 쓰러져서 끝났다…… 배회하던 숲, 자기가 떠나온 저 위쪽, 고통 받던 그곳을 향해 코를 돌린 채…… 누가 알 수 있으랴!

아아, 나는 임종을 많이 보았다…… 여기…… 저기…… 사방에서…… 하지만 멀리서 본 거였고, 이렇게 아름답고, 이렇게 눈에 띄지 않고…… 이렇게 충실한…… 죽음은 보지 못했다…… 사람들의 임종 순간에 방해가 되는 것은 호화로움이다…… 어쨌든 인간은 늘 무대 위에 있다…… 가장 단순한…….”

"사람들의 임종 순간에 방해가 되는 것은 호화로움이다." 대단한 문장이다! 그리고 "어쨌든 인간은 늘 무대 위에 있다"니…… 망자의 침대에서 입 밖에 내어진 유명한 '마지막 한 마디'가 만드는 죽음의 코미디를 누가 기억하지 못하는가? 말하자면 이런 것이다. 인간은 가쁜 숨을 내쉬면서도 늘 무대 위에 있다. "가장 단순한" 사람일지라도, 노출 성향이 가장 적은 사람일지라도 말이다. 왜냐하면 인간이 스스로 무대에 오르는 것이 항상 사실은 아니기 때문이다. 그가 스스로 무대에 오르지 않는다 해도, 다른 사람들이 그를 무대에 올린다. 그것이 인간의 운명이다.

그리고 "호화로움"이라니! 죽음은 항상 영웅적인 어떤 것으로, 한 작품의 피날레로, 하나의 전투 결과로 체험되어 왔다. 나는 신문 기사를 읽는다. 어떤 도시에서 사람들이 에이즈로 죽은 사람들과 환자들을 기리기 위해 빨간 풍선 수천 개를 날린다. 나는 '기리기 위해'라는 표현에 주목한다. 기억하기 위해서, 추억하기 위해서, 슬픔과 연민을 나타내기 위해서라면, 좋다, 이해할 수 있다. 하지만 기리기 위해서라니! 하나의 질병인데 기념하거나 경탄할 것이 있는가? 질병이 하나의 공덕(功德)인가? 하지만 그런 법이고, 셀린은 알고 있었다. "사람들의 임종 순간에 방해가 되는 것은 호화로움"이라는 것을.

셀린 세대의 많은 위대한 작가들이 셀린처럼 죽음, 전쟁, 공포, 고문, 유배의 체험이 무엇인지 알았다. 하지만 그들은 이 끔찍한 것들을 전선의 다른 편에서 체험했다. 정의로운 자들이나 미래의 승리자들 또는 불의를 겪음으로써 후광으로 둘러싸이게 되는 희생자들 편에서, 한 마디로 말해 영광의 편에서 말이다. "호화로움", 자신을 드러내고 싶어 하는 이 자기만족은 그들의 행동 하나하나에 너무나 자연스럽게 배어 있어, 그들은 이것을 알아차릴 수도 없고 판단할 수도 없다. 하지만 셀린은 이십 년 동안 유죄 선고를 받은 사람들과 경멸받는 사람들 사이에, 즉 역사의 쓰레기통 안에 있었으며, 죄인 중에서도 죄인이었다. 셀린 주위에 있던 모든 사람들은 침묵해야 할 처지에 놓였다. 그는 이러한 예외적인 체험에 한 표를 줄 수 있는 유일한 사람이었다. 그것은 호화로움이 몽땅 몰수된 인생의 체험이다.

 이러한 체험 덕분에 그는 허영심을 하나의 악덕이 아니라, 인간과 동질체적인 특성으로, 즉 절대로 인간과 유리될 수 없는, 심지어 임종의 순간에서도 유리되지 않는 특성으로 볼 수 있었다. 그리고 이러한 체험 덕분에 그는 근절할 수 없는 이 인간 호화로움의 바탕 위에서 한 암캐의 죽음에 깃든 숭고한 아름다움을 볼 수 있었다.

가속되는 역사 속의 사랑
필립 로스, 『욕망의 교수』

 카레닌은 언제부터 안나와 섹스를 하지 않았을까? 그리고 브론스키는? 그는 안나를 즐겁게 하는 법을 알았을까? 그리고 안나는? 그녀가 불감증은 아니었을까? 그들은 섹스를 어떻게 했을까? 어둠 속에서 아니면 밝은 곳에서? 침대에서 아니면 카펫 위에서? 삼 분 만에 아니면 세 시간 동안? 낭만적이거나 음란한 대화를 나누면서 아니면 침묵 속에서? 우리는 이에 대해 아는 것이 아무것도 없다. 예전 소설들에서 사랑은 첫 만남부터 성교의 문턱까지 매우 넓은 영역을 차지했다. 그리고 이 문턱은 건널 수 없는 국경선을 의미했다.
 20세기에 들어서면서 소설은 점차적으로 그리고 관련된 모든 차원에서 성(性)을 발견한다. 미국에서 소설은 도덕의 전복을 예고하고 동반하는데, 이 전복은 현기증을 일으킬 만큼 빠른 속도로 진행된다. 1950년대만 해도 인정사정없는 청교

도주의 안에서 답답해했는데, 그 후 단 십 년 만에 모든 것이 바뀐다. 가벼운 첫사랑과 성행위 사이의 방대한 공간이 사라져 버리는 것이다. 감상적인 무인 완충지대는 이제 섹스로부터 인간을 보호하지 못한다. 인간은 직접적으로, 냉혹하게 섹스와 대면하고 있다.

데이비드 H. 로런스의 작품에서 성적 자유는 극적이거나 비극적인 저항처럼 보인다. 그보다 조금 후에 헨리 밀러의 작품에서 성적 자유는 서정적인 행복감에 둘러싸여 있다. 삼십 년 후, 필립 로스에게 있어서 성적 자유는 확실하고 집합적이며 평범하고 불가피하며 코드화된 하나의 주어진 상황에 불과하다. 그것은 극적이지도, 비극적이지도, 서정적이지도 않다.

사람들은 한계에 다다른다. 이보다 '더 이상'은 없다. 욕망에 반대되는 것은 더 이상 법이나 부모나 인습이 아니다. 모든 것이 허용되어 있으며, 유일한 적은 정체가 드러나고 환상이 깨져 버린 우리 자신의 벗은 몸이다. 필립 로스는 미국적 에로티시즘에 관한 위대한 역사가다. 아울러 그는 버림받은 인간이 자신의 몸을 마주할 때 느끼는 이 기이한 고독을 노래한 시인이기도 하다.

그렇지만 최근 몇십 년 동안 역사는 지나치게 빨리 진행되어, 『욕망의 교수』에 등장하는 작중인물들은 다른 시대를, 즉 로스 식으로라기보다는 톨스토이 식으로 사랑을 경험한 그들 부모 시대를 기억 속에 간직하지 않을 수 없다. 케페시의 아버지나 어머니가 무대에 등장하는 순간부터 소설 분위기를 휘감는 향수는 단지 부모에 대한 향수에 그치는 것이 아니라 사랑에 대한 향수인데, 그 사랑은 있는 그대로의 사랑이며 아버지와 어머니의 사랑이고, 요즘 세상에는 결핍된 것 같은 케케묵고 감동적인 그런 사랑이다.(과거에 어떠했는지에 대한 기억이 없다면 사랑으로부터 또는 사랑이라는 개념 그 자체로부터 남을 것이 무엇이 있겠는가?) (구체적인 작중인물들과 연결되지 않기에 기이하지만, 그 작중인물들의 삶 너머, 훨씬 이전에 결정된) 이 기이한 향수가, 겉으로 보기에는 파렴치한 이 소설에 가슴 뭉클한 다정함을 부여한다.

 역사의 가속화는 개인적인 삶을 근본적으로 변형시켰다. 출생에서 죽음까지의 개인적 삶이 과거에는 단일한 역사적 시대 안에서 이루어졌지만, 오늘날에는 둘 또는 그 이상의 시대에 걸쳐 있다. 과거에는 역사가 인간 삶보다 훨씬 더 천천히 나아갔다면, 지금은 인간이 따라잡을 수 없을 정도로 빨리 가다 못해 뛰어가는 것이 역사이기에, 한 인생의 연속성과 정체성이 부서질 우려가 있다. 소설가는 그래서 소심하고 반쯤 잊힌 조상들의 삶의 방식을 우리가 살아가는 삶의 방식 곁에 보전해야 할 필요성을 느낀다.

 체호프나 헨리 제임스 또는 카프카에 대해 지속적으로 숙고하는 문학 교수이거나 작가인, 로스 소설 주인공들의 지성주의가 의미 있을 수 있는 곳은 바로 그 지점이다. 그곳에 있는 것은 문학 자체에 경도된 일부 문학의 쓸데없는 지적 과시가 아니다. 그것은 흘러간 시간을 소설의 지평선 위에서 보전하고자 하는 욕망이며, 선조들의 목소리가 더 이상 들리지 않을 만한 허공에 작중인물들을 방기하지 않으려는 욕망이다.

인생의 나이에 대한 비밀
구드베르구르 베르그손, 『백조의 날개』

한 소녀가 레이캬비크의 대형 매장에서 샌드위치를 훔친다. 부모는 소녀를 벌주기 위해 시골의 한 낯선 농부 집으로 그녀를 몇 달간 보낸다. 13세기 아이슬란드 사가에는 이와 비슷하게 중죄인을 내륙으로 보내는 장면들이 나온다. 춥고 황량한 영토의 광활함을 생각해 볼 때, 이러한 벌은 사형이나 진배없다. 아이슬란드는 10만 제곱킬로미터의 넓이에 30만의 인구가 산다. 고독을 견디기 위해 (소설 이미지를 인용하자면) 농부들은 멀리 있는 다른 농부들을 살펴보려고 쌍안경을 사용하며, 그 다른 농부들 또한 쌍안경을 가지고 있다. 아이슬란드는 고독이 서로를 염탐하는 곳이다.

『백조의 날개』는 어린 시절에 대한 피카레스크식 소설로, 행마다 아이슬란드의 풍경이 배어 나온다. 하지만 이 소설을 '아이슬란드 소설'로는 읽지 마시기를, 이국적인 기묘함으로는 읽지 마시기를 부탁드린다. 구드베르구르 베르그손은 위대한 유럽 소설가다. 그의 예술에 첫 번째로 영감을 준 것은 사회적 또는 역사적 호기심이 아니고, 지리적 호기심은 더더욱 아니다. 그것은 실존적 추구이며 진정한 실존적 치열함이고, 이 덕분에 그의 소설은 (내 생각으로는) 소설의 현대성이라고 부를 수 있는 것의 정중앙에 자리를 잡는다.

이러한 실존적 추구의 대상은 (작가가 '소녀'라고 부르는) 젊은 여주인공, 좀 더 정확하게 표현하자면 아홉 살인 그녀의 나이다. 세월이 흐를수록 내가 점점 더 자주 생각하는 것이 있는데 (아주 명백하지만, 우리가 잘 알아차리지 못하는 것이기도 하다.) 바로 인간은 자신의 나이 속에서만 존재하고, 모든 것은 나이와 함께 변한다는 점이다. 타인을 이해한다는 것은 그가 지금 먹어 가는 나이를 이해한다는 것이다. 나이의 수수께끼, 오직 소설만이 밝힐 수 있는 주제들 가운데 하나다. 아홉 살, 유년기와 청소년기 사이의 경계다. 나는 이 경계가 이 소설에서만큼 분명하게 밝혀진 것을 아직 보지 못했다.

아홉 살이라는 것은 무엇을 의미하는가? 공상의 안갯속을 걷는다는 것이다. 하지만 그 공상은 서정적인 것이 아니다. 이 책에는 유년기에 대한 미화가 조금도 보이지 않는다. '소녀'에게 있어서 공상에 잠기고 환상을 꿈꾸는 것은, 알려지지 않은 알 수 없는 세계를 마주하는 일이다. 그리고 그 세계는 우호적인 것과는 거리가 먼 세계다. 농가에서 보내는 첫날, 낯선 데다가 적대적으로 보이는 세계에 직면한 소녀는 자신을 지키기 위해 "자기 머리에서 보이지 않는 독을 분출해 온 집 안에

스며들게" 하는 상상을 한다. "방, 사람, 짐승, 공기 이 모든 것들을 독살하기 위해서……" 말이다.

　소녀는 환상적인 해석을 통해서만 현실 세계를 파악할 수 있다. 농부에게는 딸이 있다. 신경증적인 그녀의 행동 배후에 우리는 어떤 사랑 이야기가 있다고 짐작한다. 하지만 어린 소녀는 무엇을 짐작할 수 있을까? 농촌의 축제가 있다. 남녀가 짝을 맞추어 올록볼록한 풍경 속으로 흩어진다. 소녀는 남자들이 몸으로 여자들을 덮고 있는 것을 본다. 그녀는, 아무 의심 없이, 그것이 소나기로부터 여자들을 보호하기 위한 것이라고 생각한다. 하늘에 먹구름이 시커멓게 끼었기 때문이다.

　어른들은 일체의 형이상학적 질문을 덮어 가리는 실용적 근심에 빠져 있다. 하지만 소녀는 실용적인 세계와 거리가 멀어, 생사 문제와 그녀 사이에는 그 어떤 칸막이도 없다. 소녀는 형이상학적 시기에 들어서 있는 것이다. 이탄지(泥炭地) 위로 몸을 굽히고 소녀는 파란 수면에 비친 자신의 모습을 유심히 살핀다. "소녀는 파란 물 속에서 자기 몸이 녹아 사라지는 것을 상상한다. 확 저질러 버릴까? 소녀가 생각한다. 소녀가 발을 들자, 닳은 신발창이 물에 반사되어 보인다." 죽음이 소녀를 궁금하게 만든다. 사람들이 송아지를 잡으려 한다. 주위 아이들이 송아지가 죽는 장면을 보고 싶어 한다. 도살이 행해지기 몇 분 전, 소녀가 송아지의 귀에 대고 속삭인다. "너에게 남은 시간이 별로 없다는 걸 넌 아니?" 다른 아이들은 그 말이 우습다고 생각하며, 돌아가면서 그 말을 송아지에게 속삭인다. 그러고는 송아지의 목이 베이고, 몇 시간 후 모든 사람들이 식탁에 초대된다. 도살되는 것을 지켜본 송아지의 몸을 아이들은 즐겁게 씹는다. 그러고 나서 그들은 암소에게 간다. 송아지의 엄마다. 소녀가 생각한다. 저 암소는 우리가 자기 아이를 배 속에서 소화시키는 것을 알까? 소녀는 입을 크게 벌리고 암소의 코에 대고 숨을 내쉰다.

   소녀는 유년기와 청소년기 사이에 있다. 부모의 일정한 손길이 더 이상 필요 없는 소녀는 별안간 자신의 독립을 깨닫는다. 하지만 여전히 실용적인 세계와 유리되어 있기에, 소녀는 그와 동시에 자신이 쓸모없다고 느낀다. 소녀는 가깝지 않은 사람들 사이에 홀로 남겨져 있기에 더욱 더 그 점을 크게 느낀다. 그래도, 비록 소용 없다 할지라도, 소녀는 다른 사람들의 마음을 사로잡는다. 절대 잊을 수 없는 소설 속 장면은 이렇다. 농부의 딸은 사랑의 광기에 사로잡혀 매일 밤 집을 나가 (아이슬란드의 밤은 환하다.) 강가에 앉는다. 그녀를 몰래 지켜보던 소녀 또한 밖으로 나가 그녀 뒤로 멀찌감치 자리를 잡고 앉는다. 두 사람은 상대방이 있다는 것을 알지만 말을 나누지는 않는다. 그러다가 어느 순간이 되자 농부의 딸이 손을 들어 말없이 소녀에게 가까이 오라는 손짓을 한다. 소녀는 매번 그 손짓을 따르지 않고 농가로 되돌아온다. 하찮지만 마술 같은 장면이다. 그 손이 내 눈 앞에서 사라지지 않는다. 그것은 나이 탓에 떨어져 있는 두 존재들, 상대방을 이해할 수 없는 두 존재들이 서로 주고받는 신호다. 그들이 서로 주고받는 메시지는 이것밖에 없다. 나는 너에게서 멀리 떨어져 있어, 나는 네게 할 말이 아무것도 없어, 하지만 나는 여기에 있어, 그리고 나는 네가 거기 있는 것을 알아. 이 손은 다시 체험할 수도 없고 복원할 수도 없으며, 우리 각자에게 있어 하나의 미스터리가 되어 버린 머나먼 나이 위에 드리운 이 책의 몸짓이다. 오직 소설가-시인의 직관만이 이 미스터리에 가까이 갈 수 있게 만든다.

순정적인 사랑, 공포의 자식
마레크 비엔치크, 『트보르키』

사건들은 모두 2차 세계 대전 말기 폴란드에서 일어난다. 가장 잘 알려진 역사의 단면이 바르샤바의 대형 정신병원 트보르키라는 미지의 시각을 통해 조명된다. 어떤 대가를 치르더라도 독창적으로 보이기 위해서일까? 그 반대다. 이 암울한 시기에는 구석진 장소를 찾아 몸을 피하는 것보다 더 자연스러운 것은 아무것도 없었다. 한쪽에는 공포가 있고, 다른 한쪽에는 피신이 있다.

병원은 독일인들이 관리한다.(괴물 같은 나치가 아니다. 이 소설에서 상투적인 것들은 찾지 말자.) 독일인들이 폴란드 젊은이를 몇 명 경리로 채용하는데, 그들 가운데 서너 명은 위조 신분증을 가진 유대인이다. 바로 눈에 띄는 점은 이 젊은이들이 우리 시대의 젊은이와 닮지 않았다는 것이다. 이들은 정숙하고 소심하며 서툴고, 도덕과 선함을 순진하게 갈망한다. 이들은 "동정(童貞)다운 사랑"을 나름대로 경험하는데, 친절함이 집요하게 지켜지는 기괴한 분위기에서 그 사랑의 질투나 실망은 결코 증오로 바뀌지 않는다.

그때의 젊은이와 오늘날 젊은이가 이렇게 다른 것은 반세기의 시간이 그들을 유리시키기 때문일까? 나는 이 다름에 또 하나의 이유가 있다고 생각한다. 그들이 체험하고 있었던 순정적인 사랑은 공포의 자식이다. 그 공포는 감추어져 있지만 항상 존재하며, 언제나 기회를 노린다. 이것은 루시퍼의 역설이다. (예컨대 우리가 사는 사회 같은) 어떤 사회가 아무 동기 없이 폭력과 못된 짓을 토해 낸다면, 그것은 악에 대한 진짜 경험, 악의 지배에 대한 진짜 경험이 부족하다는 것을 의미한다. 왜냐하면 역사가 잔인하면 잔인할수록 피신처는 더욱 더 아름답게 보이기 때문이며, 어떤 사건이 평범하면 평범할수록 그 사건은 '도망자들'이 붙잡는 구명 튜브와 더욱 더 닮아 보이기 때문이다.

소설에는 단어들이 후렴처럼 반복해서 나오고, 서사가 노래가 되어 독자들을 이끌며 열광케 하는 페이지들이 있다. 이 노래, 이 시의 원천은 무엇일까? 바로 인생이라는 산문, 더 이상 평범해질 수 없는 평범함이다. 주레크는 소냐와 사랑에 빠진다. 그들이 보내는 사랑의 밤들은 극도로 간결하게 언급되지만, 소냐가 앉아 있는 그네는 상세하게 차근차근 묘사된다. "넌 왜 그렇게 그네 타는 것을 좋아하니?" 주레크가 묻는다. "그게…… 설명하기 어려워. 내가 여기 낮은 곳에 있다가, 바로 높은 곳에 있잖아. 다음에는 그 반대고." 주레크는 이 어이 없는 고백을 듣고 감탄해서 "연한 베이지색 구두 바닥이 나무 꼭대기 근처에서 어두운 색으로 변하는" 위쪽을 보고, 그 구두바닥이 "자기 얼굴 밑까지 다시 내려오는" 아래쪽을 본다. 그는 감탄한 상태에서 시선을 떼지 못한다. 그는 그것을 잊지 못할 것이다.

소설이 결말을 향해 가면서, 소냐는 떠나려고 한다. 공포에 사로잡힌 그녀는 살기 위해서 트보르키에 피신 온 것이었고, 그녀의 순정적인 사랑은 취약하기만 하다. 그녀는 유대인이다. 아무도 그 사실을 모른다. (독자조차도 모른다.) 그렇지만 그녀는 독일인 병원장을 만나 자신이 유대인임을 밝히며, 병원장은 소리친다. "당신 미쳤군, 미쳤어!" 병원장은 그녀를 구하기 위해 격리하려고 한다. 하지만 그녀는 완강하다. 그녀가 다시 등장할 때, 그녀는 이미 살아 있지 않다. "호리호리한 포플러 나무의 두꺼운 가지에 소냐가 매달려 있었다. 소냐는 좌우로 흔들리고 있었다. 소냐가 목을 매 죽어 있었다."

한쪽에는 일상성에서 오는 순정적인 사랑이 있다. 재발견되고, 가치가 회복되고, 노래로 변한 순정적인 사랑이다. 다른 한쪽에는 목을 맨 아가씨가 있다.

추억의 와해
후안 고이티솔로, 『그리고 막이 내릴 때』

한 남자가 나이 들어 아내를 여읜다. 그의 성격이나 과거 삶에 대한 정보는 많지 않다. '스토리'라고 할 만한 것이 전혀 없다. 책의 유일한 주제는 갑자기 시작된 그의 새로운 삶이다. 아내가 그의 곁에 있을 때, 아내는 동시에 그의 앞에, 그의 시간의 지평선 위에 있는 것이기도 했다. 이제 지평선은 텅 비었다. 풍경이 달라진 것이다.

1장에서 남자는 죽은 아내에 대해 밤새 생각하는데, 옛 노래 구절, 죽은 아내를 알지 못했던 유년 시절에 들은 프랑코 치하 노래들의 기억이 머릿속에 울려 퍼진다는 사실에 당황한다. 왜, 무엇 때문일까? 추억이 그렇게까지 취미에 맞지 않는 것인가? 아니면 추억이 그를 조롱하는 것인가? 그는 과거에 부부가 함께 있었던 모든 풍경을 떠올리기 위해 노력한다. 결국 그는 그 풍경들을 보게 되지만 "그 풍경들 안에서 아내는 한 번도, 잠시 스쳐 가는 모습으로도, 나타나지 않는다."

그가 과거를 되돌아보니, 그의 인생에는 "일관성이 부족했다. 그는 단편들만을, 고립된 요소들만을, 앞뒤가 맞지 않은 그림들이 연속되는 것만을 본다…… 흩어져 있는 사건들을 차후에 정당화하려는 욕망은 다른 사람들을 속일 수 있는 왜곡을 전제로 했지만, 그 자신은 속일 수 없었다."(그리고 나는 자문해 본다. 전기(傳記)란 바로 이런 것 아닌가? '앞뒤가 맞지 않은 그림들이 연속되는 것'에 부여하는 작위적인 논리 말이다.)

이러한 새로운 시각으로 보았을 때, 과거는 일체의 비현실성으로 나타난다. 그러면 미래는 어떨까? 물론 미래에는 현실적인 것이 당연히 아무것도 없다.(그는 자식들을 위해 집을 한 채 건축한 아버지를 생각하는데, 자식들은 한 번도 그 집에 산 적이 없다.) 이렇게 과거와 미래는 나란히 그에게서 멀어져 간다. 그는 한 꼬마의 손을 잡고 어떤 마을에서 산책을 한다. 그러자 그 자신도 놀랄 정도로 그는 "쾌활하고 즐거운 기분을 느끼며, 자기를 인도하는 어린이만큼이나 자신에게 과거가 없다는 것을 느낀다…… 모든 것은 현재에 수렴되고 현재로 끝난다……." 그리고 별안간, 빈약한 현재의 시간으로 축소된 삶 속에서 그는 한 번도 경험하지 못했고 기대하지도 않았던 행복을 발견한다.

시간에 대한 이런 시험 후에야, 신(神)이 그에게 한 말이 이해될 수 있다. "비록 너는 한 방울 정자로 태어나고, 나는 사색과 공의회의 결과로 만들어졌지만, 우리는 본질적인 것을 공유하고 있는데 바로 존재하지 않는다는 것이다……." 신이라고? 그렇다. 늙은 남자가 자기 자신을 위해 만들어 내고 오랫동안 함께 대화를 나눈 신이다. 그것은 존재하지 않는 신이고, 존재하지 않기에 근사한 신성모독 발언도 자유롭게 할 수 있는 신이다.

　이 불경한 신은 늙은 남자가 체첸 공화국을 방문했던 것을 상기시킨다. 공산주의 몰락 후에 러시아가 체첸 인들과 전쟁에 돌입했던 무렵이다. 백오십여 년 전의 러시아 인들과 체첸 인들 사이의 전쟁을 다룬 톨스토이의 『하지 무라드』를 늙은 남자가 가지고 갔던 것은 바로 그 때문이다.

　희한하게도, 고이티솔로의 늙은 남자처럼 나도 같은 시기에 『하지 무라드』를 다시 읽었다. 그때 나를 놀라게 했던 상황이 기억난다. 모든 사람들이, 모든 살롱들이, 모든 언론들이 수십 년 전부터 체첸에서 일어나는 대량 학살에 대해 흥분하는데도, 그 누구도, 단 한 명의 언론인도, 단 한 명의 정치가도, 단 한 명의 지성인도 톨스토이를 원용하거나 그의 책을 기억하는 것을 나는 들어 보지 못했다. 모든 사람들이 학살 사건에 충격을 받았지만, 그 누구도 그 학살의 반복에 대해서는 충격을 받지 않았던 것 아닌가! 그렇지만 사건의 여왕은 반복적 사건이다! 고이티솔로의 신성모독적인 신만이 유일하게 그 사실을 안다. "말해 보게! 전설에 따르면 내가 일주일 만에 창조했다고 하는 이 세상에서 바뀐 게 무엇인가? 이러한 소극(笑劇)을 불필요하게 연장하는 것이 무슨 도움이 되나? 무엇 때문에 사람들은 꾸준히도 번식을 계속하는 것인가?"

　반복적 사건은 자비롭게도 망각의 사건에 의해 지워지는

법이다.(망각, 그것은 "바닥 없는 거대한 구멍이고, 추억은 그 안으로 침몰한다." 사랑했던 여인에 대한 추억, 위대한 소설 혹은 대량 학살에 대한 추억, 가릴 것 없이 말이다.)

소설과 생식(生殖)
가브리엘 가르시아 마르케스, 『백년의 고독』

『백년의 고독』을 다시 읽으면서 이상한 생각이 들었다. 위대한 소설의 중심인물들에게는 아이가 없다. 기껏해야 1퍼센트의 인구만이 아이가 없지만, 소설 속 위대한 작중인물들 가운데 적어도 50퍼센트는 후손을 만들지 않고 소설을 떠난다. 팡타그뤼엘에게도 파뉘르주에게도 그리고 돈키호테에게도 후손이 없다. 『위험한 관계』의 발몽, 메르테유 후작 부인, 고결한 투르벨 부인도 그렇다. 필딩의 가장 유명한 주인공 톰 존스 그리고 베르테르도 마찬가지다. 스탕달의 모든 중심인물들에게도 아이가 없다. 발자크의 소설 또는 도스토옙스키의 소설에 등장하는 많은 중심인물들도 마찬가지다. 지난 지 그리 오래되지 않은 시대를 보더라도, 『잃어버린 시간을 찾아서』의 화자인 마르셀이 그러하고, 무질의 주요 작중인물들 그러니까 울리히, 그의 누이 아가트, 월터, 그의 아내 클라리스

그리고 디오팀도 당연히 그렇다. 슈베이크도 있다. 카프카의 중요 인물들도, 매우 젊은 나이에 하녀를 임신시킨 카를 로스만을 제외하고는 마찬가지인데, 따지고 보면 이 임신은 로스만이 자신의 인생에서 아이를 지우고자 아메리카로 도망가고 소설이 나오게 된 계기가 되기도 한다. 이러한 불임성은 소설가들의 의도 때문이 아니다. 생식을 혐오하는, 소설의 예술 정신 (혹은 이 예술의 잠재의식) 때문이다.

소설은 현대와 같이 태어났으며, 이 현대는, 하이데거를 인용하자면, 인간을 "유일하고 진정한 주체", "만물의 기초"로 만들었다. 인간이 개인으로서 유럽 무대에 자리 잡게 된 것은 상당 부분 소설 덕분이다. 소설에서 벗어나 실제 생활 속에서는 우리가 태어나기 전에 우리 부모들이 어떠했는지에 대해 아는 것이 많이 없다. 우리는 우리 혈족에 대해서 단편적으로만 알 뿐이다. 우리는 그들이 오고 가는 것을 본다. 그들이 시야에서 사라지자마자 그들의 자리는 다른 사람들로 채워진다. 그들은 대체 가능한 존재들로 이루어진 긴 행렬을 형성한다. 오직 소설만이 개인을 고립해, 그의 일생, 사상, 감정 들을 명확하게 해 주고, 그를 대체 불가능하게 만든다. 소설이 개인을 만물의 중심으로 만드는 것이다.

돈키호테는 죽고, 소설은 끝을 맺는다. 이러한 끝맺음은 돈키호테에게 자식이 없는 경우에만 그렇게 완벽하게 최종적인 것이 될 수 있다. 자식이 있다면 그의 인생은 연장되고 모방되거나 의심을 받을 것이며, 부인되거나 배반을 당할 것이다. 아버지의 죽음은 문을 열어 놓는 것이다. 하기야 이것은 우리가 어렸을 때부터 듣던 말이다. 네 인생은 네 자식들에게서 계속될 것이다. 네 자식들은 너의 불멸과 같다. 하지만 만약 내 이야기가 내 인생을 넘어서 계속될 수 있다면, 이것은 내 인생이 하나의 독립된 개체가 아니라는 것을 의미한다. 이것은 내 인생이 미완성이라는 것을 의미한다. 이것은 개인이 그 안에서 용해되거나, 또는 용해되든지 잊히는 것을 묵인하는 완전히 구체적이고 현세적인 무엇이 있다는 것을 의미한다. 그 무엇은 가족, 자손, 부족, 국가 같은 것이 될 것이다. 이것은 "만물의 기초"로서의 개인은 수 세기 동안 유럽이 가졌던 꿈이고, 환상이며 도박이라는 것을 의미한다.

가르시아 마르케스의 『백년의 고독』과 함께, 소설 예술은 이러한 꿈에서 나온 것처럼 보인다. 관심의 중심은 이제 한 개인이 아니고 개인들의 행렬이다. 그 개인들은 모두 독창적이고 모방이 불가능하지만, 그럼에도 그들 각자는 강의 물결 위에서 덧없이 반짝이는 한 줄기 햇빛에 불과하다. 그들 각자는 미래의 망각을 짊어지고 있으며, 그들 각자는 그 점을 분명하게 알고 있다. 그 누구도 소설 처음부터 끝까지 무대 위에 머무르지 않는다. 이 일가의 어머니인 우르술라는 죽을 때 백스무 살이었고, 소설이 끝나기 한참 전이다. 그리고 모든 작중인물들의 이름은 호세 아르까디오 부엔디아, 호세 아르까디오, 호세 아르까디오 2세, 아우렐리아노 부엔디아, 아우렐리아노 2세 등 비슷해서, 그들을 구분하는 윤곽선은 희미해지고 독자는 그들을 혼동한다. 모든 현상들은 유럽의 개인주의 시대가 더 이상 그들의 시대가 아니라고 말한다. 그러면 그들의 시대는 어떤 시대인가? 아메리카 인디언의 과거까지 거슬러 올라가는 시대인가? 아니면 개인으로서의 인간이 무리로서의 인간 속으로 녹아 없어지는 미래의 어떤 시대인가? 나는 이 소설이 소설 예술의 극치인 동시에 소설의 시대에 보내는 작별 인사 같은 느낌을 받는다.

3부 블랙리스트들, 혹은
아나톨 프랑스에게 바치는
디베르티멘토

1

　전에 한 프랑스 친구가 여러 프랑스 사람들과 함께 프라하에 도착한 적이 있는데, 나는 어떤 부인과 함께 같은 택시를 타게 되었다. 대화를 어떻게 풀어 가야 할지 몰라서 (멍청하게도) 나는 어떤 프랑스 작곡가를 가장 좋아하느냐고 그녀에게 물었다. 그녀의 즉각적이고 솔직하고 단호한 대답이 내 머릿속에 남아 있다. "어쨌든 생상스는 아니에요!"
　나는 "생상스에게서 무엇을 들었습니까?"라고 물을 뻔했다. 그랬다면 그녀는 여전히 분개한 어조로 이렇게 대답했을 것이 틀림없다. "생상스에게서요? 아무것도요!" 왜냐하면 그녀에겐 그것이 어떤 음악에 대한 반감의 문제가 아니라, 그보다 훨씬 심각한 원인과 관련된 것이었기 때문이다. 그것은 블랙리스트에 각인된 이름과 연루되지 않는 것이다.

2

블랙리스트. 그것은 1차 세계 대전 전에 아방가르드들의 열정이었다. 서른다섯 살쯤 되었을 때, 아폴리네르의 시를 체코어로 번역하던 중 나는 1913년의 선언문을 우연히 보게 되었는데, 그 선언문에서 아폴리네르는 '똥'과 '장미'를 수여하고 있었다. 셰익스피어, 톨스토이, 뿐만 아니라 포, 휘트먼, 보들레르에게는 똥을! 자기 자신과 피카소 그리고 스트라빈스키에게는 장미를! (아폴리네르가 아폴리네르에게 장미를 수여하다니) 웃기면서도 매력적인 이 선언문이 나를 기쁘게 했다.

3

 십여 년 후, 프랑스에 갓 이민 온 나는 한 젊은이와 이야기를 하고 있었는데, 이 친구가 불쑥 "바르트를 좋아하시나요?"라고 내게 물었다. 그 시절에 나는 이미 순진한 사람이 아니었다. 나는 내가 테스트를 받고 있는 것을 알았다. 그리고 그때 롤랑 바르트가 모든 골드리스트의 꼭대기에 이름을 올린 것도 나는 알고 있었다. "물론 좋아하죠. 어떻게 좋아하지 않을 수 있어요! 카를 바르트를 말씀하시는 거잖아요! 부정신학의 창시자 말예요! 천재예요! 바르트가 없었다면 카프카의 작품은 상상할 수도 없었을걸요!" 나를 테스트하던 사람은 한 번도 카를 바르트라는 이름을 들어 본 적이 없었지만, 내가 그를 독보(獨步) 중에서도 독보적인 카프카와 연계하는 것을 보고는 더 이상 말을 하지 않았다. 토론은 곧 다른 주제로 넘어갔다. 그리고 나는 내 대답에 만족했다.

4

 비슷한 시절, 한 저녁 식사 자리에서 나는 또 다른 테스트를 받아야 했다. 어떤 음악 애호가가 내가 가장 좋아하는 프랑스 작곡가가 누군지 알고 싶어 했다. 참, 상황은 반복된다니까! 나는 "어쨌든 생상스는 아니에요!"라고 대답할 수도 있었지만, 추억의 유혹에 나 자신을 맡겼다. 1920년대에 아버지가 파리에서 다리우스 미요의 피아노 곡을 가지고 오셔서, 체코슬로바키아의 현대 음악 콘서트에서 듬성듬성 (매우 듬성듬성) 앉아 있는 관객들을 앞에 두고 연주하셨다. 그 추억의 감동이 되살아나서 나는 미요와 '프랑스 6인 그룹' 전부에 대한 애정을 고백했다. 두 번째 인생을 갓 시작한 나라에 대한 사랑으로 가득 차서 그 충만한 감정으로 감탄의 대상에 대해 설명하려 했던 만큼 나는 무척이나 열정적이었다. 나의 새로운 친구들은 공감하면서 내 말을 들었다. 그리고 바로 그 공감에 의해서 미묘하게도 내가 현대적이라고 생각했던 사람들이 이미 오래전부터 더 이상 현대적이 아니라는 사실을 그들이 내게 깨우쳐 줬고, 나는 칭찬의 대상으로 다른 이름을 찾아야만 했다.

사실 하나의 리스트에서 다른 리스트로의 전이는 끊임없이 일어나며, 순진한 사람들이 걸려드는 곳이 바로 그곳이다. 1913년에 아폴리네르는 스트라빈스키에게 장미를 수여했지만, 1946년에 테오도르 W. 아도르노가 쇤베르크에게는 장미를 주는 반면 스트라빈스키에게는 정중하게 똥을 수여할 것을 그는 알지 못했다.

그리고 치오란은 어떤가! 내가 그를 알게 된 시절부터 그가 한 것이라고는 인생 황혼기에 블랙리스트에 자리 잡기 위해 이 리스트에서 저 리스트로 돌아다니는 일뿐이었다. 게다가 내가 프랑스에 도착한 지 얼마 되지 않아 그의 앞에서 아나톨 프랑스를 언급했을 때, 그는 내 귀에 대고 짓궂게 웃으면서 속삭였다. "여기서는 절대로 그 이름을 큰 소리로 말하지 마세요. 사람들이 당신을 놀릴 거예요!"라고 말이다.

5

 아나톨 프랑스를 따라가는 장례 행렬은 수 킬로미터에 이르렀다. 그러다가 모든 상황이 바뀌었다. 그의 죽음에 흥분한 초현실주의 시인 넷이 그를 반대하는 팸플릿을 썼다. 아카데미 프랑세즈에서 그의 자리는 비었고, 또 다른 시인인 폴 발레리가 그 자리에 선출되었다. 절차에 의해 그는 망자에 대한 찬사를 표현할 수밖에 없었다. 이제는 전설이 된 송사(頌辭)에서 발레리는 아나톨 프랑스의 이름을 거론하지 않으면서도 그에 대해 말하고 노골적으로 신중하게 그 익명의 작가를 찬양하는 데 성공했다.
 아닌 게 아니라, 프랑스의 관이 무덤 바닥에 닿자마자 블랙리스트를 향한 행진이 시작되었다. 어떻게? 제한된 독자층을 둔 몇몇 시인들의 발언이 백 배나 더 많은 대중들에게 영향을 미칠 수 있는 힘을 가졌던 것일까? 그의 관을 따라 행진했던 수많은 사람들의 경탄은 다 어디로 사라진 것일까? 블랙리스트들의 힘의 원천은 어디인가? 블랙리스트들이 복종하는 비밀 지령은 어디서부터 나오는 것일까?

  살롱이다. 이 세상 그 어느 곳에서도 프랑스에서만큼 살롱들이 큰 힘을 발휘하지 못한다. 그것은 수 세기 동안 지속된 귀족주의적 전통, 그리고 좁은 공간에 온 나라의 지성적인 엘리트들이 첩첩이 쌓여 여론을 형성하는 파리라는 도시 덕분이다. 이들 엘리트들은 비평적 연구나 학문적 토론에 의해서가 아니라 기막힌 문구, 말장난, 번뜩이는 상스러움으로 여론을 전파한다.(예를 들자면 지방 분권화된 국가는 악의를 희석하고, 중앙집권화된 국가는 악의를 농축한다는 식이다.) 치오란에 대해서 한 마디 더 하자면, 그의 이름이 모든 골드리스트에서 빛나리라고 내가 확신하던 그 시절, 내가 한 유명한 지성인을 만났다. "치오란이라고요?" 그가 내 눈을 오랫동안 바라보면서 말했다. 그러고는 한참동안 웃음을 참으면서 말했다. "허무의 댄디예요……."

6

열아홉 살 때, 나보다 다섯 살 정도 많은 친구가 한 명 있었는데 (나처럼) 골수 공산주의자였으며, 전쟁 중에는 레지스탕스의 일원이었다.(그는 자신의 목숨을 내놓은 진정한 레지스탕스였고, 그래서 나는 그를 존경했다.) 그가 내게 자신의 계획을 털어 놓았다. 트럼프의 킹, 퀸, 잭 카드를 빨치산, 스타하노프 운동 참여자, 레닌으로 교체한 새로운 형식의 트럼프를 만들어 내는 것이었다. 트럼프에 대한 국민의 오랜 애정을 정치 교육과 결합하는 매우 훌륭한 아이디어 아닌가?

그러고는 언젠가 아나톨 프랑스의 『신(神)들은 목마르다』의 체코 번역본을 읽었다. 이 소설의 주인공, 자코뱅 당원인 젊은 화가 가믈랭이 새로운 트럼프 놀이를 발명했는데, 킹, 퀸, 잭 카드가 자유, 평등, 박애로 대체된 것이었다……. 나는 깜짝 놀랐다. 역사는 기나긴 변주의 연속에 불과한 것인가?

왜냐하면 나는 내 친구가 아나톨 프랑스의 글을 단 한 줄도 읽지 않았다는 것을 확신했기 때문이다.(그는 분명히 읽지 않았다. 내가 직접 물어보았다.)

7

젊었을 때 나는 독재의 극치를 향해 떨어지는 세상으로 나아가려고 애썼는데, 아무도 그 독재의 구체적 현실을 예상하거나 원하거나 상상하지 못했으며, 그 독재를 갈망하고 환호한 사람들은 특히 그랬다. 그때 이 미지의 세상에 대해 통찰력 있는 무엇인가를 내게 말해 줄 수 있었던 유일한 책은 『신들은 목마르다』였다.

가믈랭, 새로운 트럼프를 발명한 이 화가는 아마도 '참여 예술가'에 관한 최초의 문학적 초상일 것이다. 공산주의 초기에 나는 내 주변에서 정말 많은 참여 예술가들을 보았다! 그렇지만 프랑스의 소설에서 나를 사로잡은 것은 가믈랭의 밀고가 아니라 그의 미스터리다. 나는 '미스터리'라고 말한다. 왜냐하면 수십 명을 단두대에 보낸 이 남자가 다른 시대에는 분명히 점잖은 이웃이고 선량한 동료이며 재능 있는 예술가였을 것이기 때문이다. 이론의 여지없이 정직한 한 남자가 어떻게 내면에 괴물을 숨길 수 있을까? 정치적으로 평화로운 시대에도 마찬가지로 그의 내면에 괴물이 존재했을까? 괴물은 탐지가 불가능할까? 아니면 그래도 감지할 수 있을까? 소름끼치게 하는 이 가믈랭 같은 사람들을 이미 경험한 우리는 오늘날 우리를 둘러싸고 있는 친절한 가믈랭 같은 사람들 안에 잠들어 있는 괴물을 어렴풋이 느낄 수 있을까?

내가 태어난 나라에서는, 이데올로기적 환상을 청산하는 동안 '가믈랭 미스터리'가 끊임없이 사람들의 관심을 끌었다. 나쁜 놈은 나쁜 놈이지, 웬 미스터리냐고? 실존적 수수께끼가 정치적 확실성 뒤에 가렸는데, 확실성은 수수께끼 같은 것을 아랑곳하지 않는다. 풍부한 실제 경험이 있는데도 사람들이 언제나, 들어갈 때와 똑같이 멍청하게 역사적 시련 속을 빠져나오는 것은 바로 이런 이유에서다.

8

가믈랭의 아파트 바로 위 다락방에는 허름한 쪽방이 있고, 그곳에는 최근에 재산을 몰수당한 전직 은행원 브로토가 산다. 가믈랭과 브로토는 소설을 구성하는 두 개의 축이다. 이들의 기묘한 대립에서, 범죄의 반대는 미덕이 아니다. 또한 혁명과 투쟁하는 것은 반혁명이 아니다. 브로토는 그 어떤 투쟁도 주도하지 않는다. 지배적인 사상에 반대해서 자신의 사상을 강요하는 야심이 그에게는 없다. 수용이 불가능한 사상을 품을 수 있고, 혁명뿐 아니라 신이 창조한 모습 그대로의 인간에 대해 의심할 수 있는 권리만을 그는 주장할 뿐이다. 세상에 대한 내 입장이 형성되던 시기에 나는 브로토에 매혹되었다. 그의 구체적인 생각이 이러저러해서가 아니라, 믿기를 거부하는 인간으로서의 그의 입장 때문이었다.

나중에 브로토에 대해서 생각하면서, 나는 공산주의 시대에는 체제와의 대립에 있어서 두 가지 기본적인 형태가 있다는 사실을 깨달았다. 하나는 믿음 위에 기초한 대립이고, 다른 하나는 회의주의에 기초한 대립이다. 하나는 도덕주의적인 대립이고, 다른 하나는 배덕주의적인 대립이다. 하나는 청교도적인 대립이고, 다른 하나는 자유사상적인 대립이다. 하나는 예수를 믿지 않는다고 공산주의를 비판하고, 다른 하나는 공산주의가 또 하나의 새로운 교회로 변신한다고 고발한다. 하나는 공산주의가 낙태를 허용한다고 분개하고, 다른 하나는 낙태를 어렵게 한다고 고발한다.(이 두 다른 입장은 공동의 적 때문에 눈이 어두워져 둘 사이의 차이를 거의 보지 못했는데, 이 차이는 공산주의가 사라진 후에 그만큼 더 크게 부각되었다.)

9

 내 친구와 트럼프는 어떻게 되었을까? 가믈랭과 마찬가지로 그도 자신의 아이디어를 파는 데 성공하지 못했다. 그렇지만 나는 그가 그것 때문에 의기소침했다고 생각하지 않는다. 그에겐 유머 감각이 있었기 때문이다. 기억해 보면, 내게 자기 계획에 대해서 말하면서 그는 웃었다. 그는 자기 아이디어가 웃긴다는 것을 이해하고 있었으나, 그가 보기에 웃기는 아이디어라고 좋은 동기에 활용되지 말란 법은 없는 것 아니겠는가? 가믈랭과 내 친구를 비교해 보면, 그 두 사람을 가르는 것은 유머 감각이고, 분명히 그의 유머 감각 덕분에 내 친구는 결코 사형 집행인이 될 수 없었을 것이라고 나는 생각한다.
 프랑스의 소설에는 (눈에 잘 띄지 않지만) 늘 유머가 존재한다. 『페도크 여왕의 고기 구이 식당』 같은 소설은 그 유머를 즐기기만 하면 된다. 하지만 역사의 가장 끔찍한 비극에 속하는 유혈 현장에서 유머가 할 일이 있을까? 그래도 유일무이하고, 새로우며, 경탄할 만한 것은 바로 이것, 즉 무거운 주제에 대해 거의 의무적으로 감동적인 표현을 사용하는 것에 대해 저항하는 것이다. 왜냐하면 오직 유머만이 다른 사람들에게 유머가 없다는 점을 드러낼 수 있기 때문이다. 그리고 그 드러냄은 공포와 함께 이루어진다! 오직 유머의 명증성만이 가플랭의 영혼 깊은 곳에 있는 검은 비밀을 알아차릴 수 있다. 근엄한 자의 황량함은 유머 없는 황량함이다.

10

　『신들은 목마르다』의 10장, 경쾌하고 밝고 행복한 분위기가 집중된 곳이다. 빛이 소설 전체로 퍼져 나가는 곳도 바로 여기부터이기에, 이 장이 없었다면 소설은 어두워지고 매력적인 면을 모두 상실했을 것이다. 공포정치가 이루어지던 가장 암울한 시기에, 몇몇 젊은 화가들, 가믈랭, (호감 가는 재담꾼이자 바람둥이인) 그의 친구 데마이, (다른 아가씨들과 동행하는) 유명 여배우, 가믈랭의 약혼녀인 딸 엘로디와 함께인 화상(畵商) 그리고 (역시 아마추어 화가인) 브로토, 이들은 파리를 벗어나 여행을 떠나며 흥겨운 이틀을 같이 보내게 된다. 짧은 시간 동안 그들이 체험하는 것은 사소한 일상적 사건에 불과하지만, 바로 이 일상성이 행복으로 빛난다. (엄청나게 두꺼운 골격 때문에 키와 품이 비슷한 한 아가씨와 데마이의 성교처럼) 유일하게 에로틱한 사건도 무의미한 동시에 그로테스크하지만,

어쨌든 행복하다. 혁명 재판소의 신입 위원인 가믈랭은 이 무리 속에서 편안함을 느끼고, 나중에 그의 희생자가 되어 단두대에서 목이 잘리는 브로토도 마찬가지다. 그들을 친하게 만드는 것은 서로에 대한 호감이며, 그것은 대다수의 프랑스인들이 이미 혁명과 그 혁명의 미사여구에 대해 느끼는 무관심에 의해 조장된 호감이다. 물론 그 무관심은 조심스럽게 은폐되어 있어서 가믈랭은 그것을 눈치채지 못한다. 그는 다른 사람들과 같이 있다는 것에 만족하지만, 그럼에도 또한 그들 가운데 혼자다.(혼자라는 것을 그는 아직 알지 못한다.)

11

한 세기 내내 아나톨 프랑스를 블랙리스트에 올리는 데 성공한 사람들은 소설가가 아니다. 시인들이다. 우선 초현실주의자들이 있다. 아라공,(그의 소설로의 위대한 개종은 완벽하지 않다.) 브르통, 엘뤼아르, 수포.(이들은 각각 자신의 글을 써서 공동 팸플릿을 만들었다.)

젊은 골수 전위주의자들, 이들은 모두 지나치게 공식적인 영광 때문에 격앙되었다. 정통 서정시인들, 이들은 동일한 키워드에 자신들의 반감을 집중시킨다. 아라공은 망자를 "아이러니"라고 비난하고, 엘뤼아르는 "회의주의, 아이러니"라고, 브르통은 "회의주의, 사실주의, 감성 부족"이라고 비난한다. 브르통의 펜 끝에서 나온 "감성 부족"이라는 구절이 솔직히 말해서 나를 약간 어리둥절하게 만들지라도, 그들의 폭력에는 하나의 의미, 하나의 논리가 있다. 위대한 비(非)순응주자는 닳고 닳은 키치 식 표현의 채찍을 들고 시신을 벌주려고 했던 것일까?

그런데 『신들은 목마르다』에서 프랑스 또한 감성에 대해 말한다. 가믈랭이 새로운 동료들, 즉 신속하게 피고들을 사형에 처하든가 방면해야 하는 혁명 재판관들과 같이 있게 된다. 프랑스는 이 장면을 이렇게 묘사한다. "한쪽에는 그 어떤 열정도 생기를 불어넣을 수 없는 무관심한 사람들, 소심한 사람들, 이성적으로 사고하는 사람들이 있었고, 다른 한쪽에는 감정 내키는 대로 행동하고, 논증은 거의 이해할 수 없어 보이며, 감성으로 판단을 내리는 사람들이 있었다. 후자들은 늘 유죄를 선고하곤 했다."(강조는 내가 한 것이다.)

브르통이 제대로 보긴 했다. 아나톨 프랑스는 감성을 그렇게 높이 평가하지는 않았다.

12

아나톨 프랑스를 우아하게 질책한 폴 발레리의 담론은 또 다른 이유에서 획기적이다. 이것은 소설가를 위해, 그러니까 거의 전적으로 소설을 통해 권위를 얻은 작가를 위해 아카데미 프랑세즈의 연단에서 이루어진 최초의 연설이다. 아닌 게 아니라, 가장 위대한 프랑스 소설의 시대라고 할 수 있는 20세기 내내 소설가들은 아카데미로부터 오히려 무시당해 왔다. 불합리하지 않은가?

꼭 불합리하다고는 할 수 없다. 왜냐하면 소설가의 인격은 사상, 의견, 도덕적 예를 통해 한 국가를 대표할 수 있는 사상과 정확하게 부응하지 않기 때문이다. 아카데미가 아주 자연스럽게 회원들에게 요구하는 '위대한 인물'의 위상은 소설가가 갈망하는 위상이 아니다. 소설가의 동경은 그곳이 아니다. 소설이라는 예술의 특성상, 소설가는 은밀하고 모호하며 아이러니하다.(그렇다. 초현실주의자들이 팸플릿에서 제대로 파악한 바와 같이 아이러니하다.) 그리고 무엇보다도 소설가는 작중인물들 뒤에 숨어 있어 하나의 확신, 하나의 태도로 환언하기 곤란하다.

그래도 몇몇 소설가들이 '위대한 인물'의 자격으로 공통의 기억 속으로 들어갔다면, 그것은 역사적 우연의 일치에 불과하며, 그 소설가들의 책에게는 여전히 재앙이 될 만한 사건들이다.

자기 소설의 유머를 이해시키려고 애쓴 토마스 만을 생각한다. 그의 노력은 감동적인 동시에 헛된 것이었다. 그의 조국의 이름이 나치주의에 의해 더러워진 시대에, 그는 문화의 나라인 옛 독일의 계승자로서 세상에 대해 말할 수 있는 유일한 사람이었기 때문이다. 그가 처한 상황의 심각성은 그의 작품에 내재된 매력적인 미소를 완전히 감추어 버렸다.

막심 고리키를 생각한다. 빈민들과 그들의 실패한 혁명(1905년 혁명)을 위해 무엇인가 좋은 일을 하려고 했던 그는 정말 아무것도 아닌 소설, 『어머니』를 쓴다. 이 소설은 한참 후에 (공산당 기관원들의 명령에 의해) 소위 사회주의 문학의 신성한 모델이 되었다. (사람들이 생각하는 것보다 훨씬 더 자유롭고 더 아름다운) 그의 소설들은 동상으로 만들어진 그의 인격 뒤로 사라졌다.

그리고 솔제니친에 대해서 생각한다. 이 위대한 인물은 위대한 소설가인가? 그것을 어떻게 알 수 있었을까? 나는 그의 책을 단 한 권도 읽어 보지 않았다. 엄청난 반향을 일으켰던 그의 입장 표명은 (그 용기에 박수를 보낸다.) 그가 말하고자 하는 것이 무엇인지 내가 미리 알고 있는 것처럼 믿게 했다.

13

『일리아드』는 트로이가 함락되기 한참 전에, 전쟁이 아직 결정되지 않았고 오디세우스의 머릿속에 그 유명한 목마에 대한 생각이 존재하지 않던 순간에 끝을 맺는다. 최초의 위대한 서사 시인이 명시하는 미학적 계명(誡命)은 다음과 같은 것이기 때문이다. 개인적 운명의 시간과 역사적 사건의 시간이 일치하게 내버려두면 절대로 안 된다. 최초의 위대한 서사 시인은 개인적 운명의 시간에 박자를 맞추었다.

『신들은 목마르다』에서 가믈랭은 로베스피에르와 같은 날 목이 잘리고, 자코뱅 당의 권력과 함께 세상에서 사라진다. 그의 인생 리듬은 역사의 리듬과 같이 연주되었다. 호메로스의 계명을 위반했다고 내가 마음속으로 프랑스를 비난했을까? 그렇다. 하지만 나중에 나는 생각을 바꿨다. 가믈랭의 운명이 주는 두려움은 바로 이런 것이다. 역사는 그의 생각, 감정, 행동뿐 아니라 그의 인생 리듬과 시간도 삼켜 버렸다. 그는 역사에게 잡아먹힌 사람이다. 그는 역사를 채우는 한 인간에 불과하다. 그리고 소설가에겐 이러한 두려움을 움켜쥘 수 있는 대담함이 있다.

역사의 시간과 주인공 인생 시간의 일치가 이 소설이 갖는 하나의 결점이라고 말하려는 것은 아니다. 그렇지만 그것이 이 소설의 핸디캡이라는 것을 부인하지는 않겠다. 이 두 시간의 일치는 독자로 하여금 『신들은 목마르다』를 '역사 소설'로, 역사에 대한 하나의 설명으로 이해하게 만들 수 있기 때문이다. 프랑스 독자에게는 피할 수 없는 함정이다. 프랑스에서는 대혁명이 신성한 사건이 되었고, 또한 영원히 계속되면서 사람들의 편을 가르고 서로 대립하게 만드는 국민적인 토론으로 변형되었기에, 대혁명에 대한 묘사로 보이는 소설은 결코 채워지지 않는 토론에 의해 바로 씹히기 때문이다.

이것이 『신들은 목마르다』가 프랑스 국내에서보다 외국에서 늘 더 잘 이해되는 이유다. 그것은 행동이 역사의 제한된 시기에 지나치게 밀착된 모든 소설의 운명이기도 하다. 동시대인들은 그런 소설에서 자신이 직접 겪었거나 열정적으로 토론했던 기록을 본능적으로 찾게 된다. 그들은 소설에 그려진 역사의 이미지가 자신들의 이미지에 부응하는지를 자문한다. 그들은 저자의 정치적 견해를 해독하려 하고, 그 견해들을 심판하지 못해 조바심을 낸다. 소설을 저버리는 가장 확실한 방법이다.

소설가에게 있어서 알고자 하는 열정은 정치나 역사를 겨냥

하지 않는다. 온갖 학술적인 책들에 의해 수없이 많이 묘사되고 논의된 사건들에 대해 소설가가 새로운 어떤 것을 찾아낼 수 있을까? 아나톨 프랑스의 소설에서 공포 정치는 당연히 끔찍하다. 하지만 반혁명적인 행복감이 충만한 가운데 진행되는 마지막 장을 잘 읽어 보시라! 사람들을 혁명 재판소에 고발한 멋진 용기병 앙리가 승자들 사이에서 또다시 환하게 빛나고 있다. 멍청한 광신도 왕당파들이 로베스피에르를 대변하는 인형을 불에 태우고, 가로등에 마라의 허수아비 목을 매단다. 그렇다. 소설가가 소설을 쓴 것은 대혁명에 유죄를 선고하기 위해서가 아니라, 혁명에 참여한 배우들의 미스터리를 살펴보기 위해서, 그리고 동시에 또 다른 미스터리들, 공포 속에 슬며시 끼워진 희극적인 것의 미스터리, 극적인 것에 동반되는 지루함의 미스터리, 목이 잘리는 것을 즐기는 감성의 미스터리, 인간 최후의 안식처로서의 유머의 미스터리 들을 살펴보기 위해서였던 것이다.

14

누구나 알듯이 폴 발레리는 소설 예술을 그다지 높게 평가하지 않았다. 이것은 그의 연설에서 쉽게 드러난다. 프랑스 지식인들의 견해만이 그의 관심을 끈다. 프랑스 소설은 그의 관심사가 아니다. 이와 관련해 그에게 열정적인 후계자들이 없는 것이 아니다. 폴리오 문고판(1989년)『신들은 목마르다』를 편다. 책 뒷부분 '참고 문헌' 목록에 저자에 관해 쓰인 책 다섯 권이 추천되어 있다.『논쟁가 아나톨 프랑스』,『열정적인 회의주의자 아나톨 프랑스』,『회의주의의 모험 ─ 아나톨 프랑스의 정신적 진화에 관하여』,『스스로 밝히는 아나톨 프랑스』,『아나톨 프랑스, 도야(陶冶)의 시기』이다. 제목만 보아도 관심 분야를 알 수 있다. 첫째는 프랑스의 전기고 둘째는 당대의 지성적 충돌에 대한 프랑스의 태도다. 그런데 왜 사람들은 본질적인 것에 대해 조금도 관심을 보이지 않았을까? 아나톨 프랑스는 작품을 통해서 인간에 대해 그때까지 아무도 말하지 않았던 무엇인가를 말했는가? 그가 소설 예술에 무엇인가 새로운 것을 가져다주었는가? 그리고 만약 그렇다면, 그의 소설 시학은 어떻게 기술되며 어떻게 정의되는가?

  (단 한 줄의 짧은 문장 안에서) 프랑스 책들을 톨스토이, 입센, 졸라의 책들 옆에 나란히 놓고, 발레리는 프랑스 책들을 "가벼운 작품들"이라 규정했다. 가끔은 심술궂음이 자기도 모르게 칭찬이 될 수 있기도 하다! 사실 훌륭한 것은 바로, 프랑스가 공포 정치 시대의 무거움을 다룰 수 있었던 그 문체의 가벼움이다. 그것은 당대 그 어떤 소설도 필적할 수 없는 가벼움이다. 이 가벼움은 어렴풋하게나마 그 전 세기의『운명론자 자크』와 『캉디드』를 연상시킨다. 하지만 디드로나 볼테르에게 있어 서사의 가벼움은 세상 위에서 떠돌기에, 세상의 일상적 현실은 보이지도 않고 표현되지도 않은 채 남아 있다. 반면 일상의 평범함이라는 19세기 소설의 위대한 발견이『신들은 목마르다』에서는 늘 존재하며, 이는 긴 묘사에 의해서라기보다는 세부적인 것, 주목하는 것, 놀랄 만한 간결한 관찰 들에 의해 이루어진다. 이 소설은 참을 수 없을 정도로 극적인 역사와 참을 수 없을 정도로 평범한 일상의 동거이고, 인생의 이 두 양상이 끊임없이 서로 충돌하고, 서로 반박하고, 서로 조롱한다는 점에서 아이러니가 번뜩이는 동거다. 이 동거는 이 책의 위대한 주제(대학살 시대의 일상성) 가운데 하나이면서 동시에 이 책의 문체를 만들어 낸다. 하지만 이 정도로 충분하다. 나 스스로 아나톨 프랑스 소설의 미학적 분석을 하고 싶지는 않으니까…….

15

 준비가 되지 않았기에 나는 그러한 분석을 하고 싶지 않다. 나는 『신들은 목마르다』나 『페도크 여왕의 고기 구이 식당』(이 소설은 내 인생의 일부다.)을 기억 속에 잘 간직하고 있지만, 아나톨 프랑스의 다른 소설들은 내게 어렴풋한 기억만 남겼고, 그중에는 내가 전혀 읽지 않은 것도 있다. 우리가 소설가를 알게 되는 것은 이런 방식을 통해서이며, 아주 좋아하는 소설가들조차도 예외가 아니다. 내가 "난 조지프 콘래드를 좋아해."라고 말한다. 내 친구는 "나는 별로야."라고 말한다. 그런데 우리는 같은 저자에 대해서 말하는 것인가? 나는 콘래드의 작품 중에서 소설 두 편을 읽었고, 내 친구는 단 한 편을 읽었는데 내가 알지 못하는 작품이었다. 그렇지만 우리는 각자 순수한 마음으로 (또는 순수한 무례함으로) 콘래드에 대해서 정확한 생각을 하고 있다고 확신한다.

이것은 모든 예술에 공통된 상황인가? 꼭 그런 것은 아니다. 만약 내가 당신에게 마티스는 이류 화가라고 이야기한다 해도, 당신은 십오 분만 미술관을 돌아다니면 내가 멍청하다는 것을 알 수 있을 것이다. 하지만 콘래드의 작품 전부를 어떻게 다시 읽을 수 있을까? 여러 주가 걸릴 텐데 말이다! 상이한 예술들은 상이한 방식으로 우리 뇌에 접근해서, 각기 다른 용이함으로, 각기 다른 속도로, 각기 다른 정도의 불가피한 단순화를 통해, 그리고 각기 다른 항구성으로 자리를 잡는다. 우리 모두는 문학사에 대해서 말하고 문학사를 내세우면서 문학사를 안다고 확신하지만, 공동 기억 속에서 문학사란 구체적으로 무엇인가? 수많은 독자들이 순전히 우연에 의해, 제 각각 자신을 위해 그리는 단편적인 이미지들을 이어 붙인 패치워크다. 그런 모호하고 일시적인 기억들로 이루어진 구멍 뚫린 하늘 아래에서는 우리 모두 블랙리스트에 좌우된다. 우리는 자의적(恣意的)인 평결, 검증할 수 없는 평결, 언제든지 멍청한 우아함을 흉내 낼 준비가 된 평결에 좌우된다.

16

1971년 8월 20일로 날짜가 표기되고 루이라고 서명된, 오래된 편지 한 장을 발견한다. 꽤 긴 이 편지는 내가 직접 쓴 편지에 대한 아라공의 답신이다.(내가 쓰긴 했는데 사실 기억은 나지 않는다.) 아라공은 내게 그 전 달에 일어났던 일과 그가 출간을 준비하는 책들에 대해서 ("『마티스』는 9월 10일쯤에 출간됩니다…….") 내게 알려 준다. 대충 그런 문맥에서 나는 다음과 같은 구절을 읽는다. "그런데 아나톨 프랑스에 대한 팸플릿은 아무 흥미도 없고, 제 건방진 글이 쓰인 그 종이를 제가 갖고 있는 것 같지도 않습니다. 이상입니다."

나는 아라공이 전쟁 후에 쓴 소설들을 매우 좋아했다. 『성스러운 주간』, 『사형』 같은 소설들이다. 나중에 그가 『농담』의 서문을 썼을 때, 나는 그를 개인적으로 알 수 있으리라는 기쁨에 그와의 관계를 오래 가져가려고 애썼다. 나는 택시 안에서 대화를 유지하기 위해 어떤 프랑스 작곡가를 좋아하는지 물었던 그 부인에게 하던 것처럼 행동했다. 아나톨 프랑스에 대한 초현실주의자들의 팸플릿에 대해 잘 안다는 사실을 자랑하기 위해, 나는 내 편지에서 아라공에게 질문을 한 것이 분명하다. 지금은 그의 가벼운 실망을 상상할 수 있다. "이 시시하고 건방진 글이 그 쿤데라가 흥미를 보인 유일한 것이야? 내가 쓴 모든 글 가운데서 말이야?" (또한 훨씬 더 우울한 어조로) "우리 사이에 아무 흥미 없는 것만이 남겨진 것인가?"

17

종착점이 가까워 온다. 작별 인사를 대신해서 다시 한 번 10장, 그러니까 소설 삼 분의 일 부분에서 불이 켜져 그 부드러운 빛으로 소설 마지막 페이지까지 쉼 없이 밝게 비추는 그 전구를 환기시키려고 한다. 친구들과 보헤미안들로 이루어진 작은 일행이 이틀 동안 파리를 탈출해 시골의 한 여인숙에 자리를 잡는다. 이들 모두는 모험적인 사건을 찾고 있지만, 단 하나의 모험만이 실현된다. 밤이 되자 귀여운 바람둥이이자 재담꾼인 데마이가 다락방으로 일행 중 한 아가씨를 찾으러 간다. 그녀는 그곳에 없다. 하지만 그는 다른 아가씨를 발견한다. 여인숙 하녀로, 엄청나게 두꺼운 골격 때문에 키와 품이 비슷한 괴물 같은 아가씨다. 블라우스가 말려 올라가고 다리를 벌린 채 그녀는 그곳에서 잠자고 있다. 데마이는 주저하지 않고 그녀와 관계를 갖는다. 이 짧은 성교, 이 귀여운 강간은 짧은 문단 안에 건조하게 묘사되어 있다. 이 에피소드에서 무겁거나 비열하거나 자연주의적인 것은 하나도 남지 않도록, 다음 날 일행이 떠날 준비를 할 때, 뼈가 다른 사람의 두 배인 이 아가씨는 최고의 기분으로 행복함을 느끼면서 사다리 위에 올라가 사람들을 향해 꽃을 뿌리며 작별 인사를 한다. 그리고 200쪽쯤 지나 소설 끝 부분에서, 뼈가 다른 사람의 두 배인 아가씨와 성관계를 가진 친절한 데마이는 이미 단두대에서 목이 잘린 친구 가믈랭의 약혼녀 엘로디의 침대에 있다. 이 모든 일은 일체의 감동적 표현 없이, 일체의 비방 없이, 단지 가볍고 가벼운 슬픔의 베일만을 수반한 채 진행된다.

4부 　　　　완전한 상속의 꿈

라블레와 미조뮈즈들에 대한 대화

기 스카르페타 자네의 이런 말이 생각나. "라블레가 프랑스 문학에 거의 영향을 미치지 못했다는 것에 나는 늘 놀라네. 디드로와 셀린은 물론이고. 하지만 이외에는?" 그리고 자네는 지드가 1913년에 어떤 설문 조사에 대한 대답에서, 자신의 소설적 팡테옹에서 라블레를 추방하는 대신 프로망탱을 포함했다는 점을 환기했네. 그러면 자네는? 자네에게 있어 라블레는 어떤 의미인가?

밀란 쿤데라 『가르강튀아와 팡타그뤼엘』은 아직 미완성인 소설이야. 하나의 예술이 그 자체로서 아직 성립되지 않았고, 당연히 그 범위가 아직 정해지지 않은 기적적인 순간이야, 다시 오지 않을 순간이기도 하고. 소설이 하나의 특별한 장르로 또는 (나아가서) 하나의 독자적인 예술로 주장되기 시작하는 순간부터, 소설의 원래 자유는 축소돼. 이 예술의 성격에 부합하는 것과 그렇지 않은 것을 (소설인지 아닌지를) 결정할 수 있다고 생각하는 미학적 검열관이 등장하고, 곧 나름대로의 습관과 요구를 가진 대중도 형성이 돼. 소설이 누렸던 이 근본적인 자유 덕분에 라블레의 작품은 무한한 미학적 가능성들을 숨길 수 있었고, 그 가능성들 가운데 일부는 차후에 이루어진 소설의 진화 속에서 실현되기도 했고, 또 일부는 전혀 실현되지 않았어. 그런데 소설가는 실현된 모든 것뿐 아니라 가능했던 모든 것도 유산으로 받아. 라블레가 그 점을 상기시켜.

G. S. 그런데 셀린은 공개적으로 라블레를 표방한 드문 프랑스 작가들 가운데 한 사람일 텐데, 아마 유일한 사람일 수도 있고. 그의 텍스트에 대해서 어떻게 생각하나?

M. K. "라블레는 실패했다." 셀린이 말했어. "그가 만들고자 했던 것은 모든 사람들을 위한 언어였다. 진짜 언어 말이다. 그는 언어를 민주화하기를 원했고 (……) 구어체 언어를 문어체 언어로 변화시키기를 원했다……." 셀린에 따르면 결국 승리한 것은 아카데미 풍 문체였어. "……프랑스는 더 이상 라블레를 이해하지 못할 것이다. 프랑스는 프레시오지테가 되었기 때문이다……." 맞아, 프레시오지테라는 것, 이것은 프랑스 문학, 프랑스 정신에 있어서 하나의 저주야, 나는 셀린의 말에 동의해. 반면에 같은 텍스트에서 다음과 같은 구절을 읽을 때에는 조금 주저하지. "이것이 내가 말하려고 하

던 것이다. (상상력, 창조력, 희극적인 것 등) 나머지에 대해서는 나는 관심이 없다. 언어, 오직 언어뿐이다." 이 글을 썼던 시대, 즉 1957년에 셀린은 미학을 언어학으로 축소하는 이러한 경향이 나중에 대학의 어리석음의 명제 가운데 하나가 될 것이라고는 알 수 없었어. (그는 이러한 경향을 틀림없이 증오했을 거야.) 아닌 게 아니라 소설은, 그 외에도, 작중인물이고 이야기이며 구성이고 문체(의 기록부)며 정신이고 상상적 특성이기도 해. 예를 들어 라블레 작품에 있어서 불꽃놀이 같은 문체에 대해서 생각해 보게. 산문, 운문, 익살스러운 열거, 패러디된 과학적 담론, 명상, 알레고리, 편지, 사실주의적 묘사, 대화, 독백, 팬터마임 같은 것들 말이야. 언어의 민주화에 대해서 말하는 것이 이러한 형태적 풍부함, 거장답고 왕성하며 유희적이고 행복감을 자아내며 매우 인위적인 (여기서 '인위적인'은 프레시오지테를 말하는 것이 아니야.) 이 풍부함에 대해서 아무것도 설명해 주지 못해. 라블레 소설의 형태적 풍부함은 유례가 없는 것이야. 차후에 진행된 소설의 진화가 망각한 가능성들 가운데 하나지. 이러한 형태적 풍부함은 삼백오십 년이나 지난 후에야 제임스 조이스에게서 다시 보이지.

G. S. 라블레가 프랑스 소설가들에게는 '잊힌' 작가지만, 이와는 대조적으로 많은 외국 소설가들에게는 본질적인 준거 대상이야. 자네는 조이스를 언급했는데, 조이스는 물론이고, 가다에 대해서 그리고 또한 현대 작가들에 대해서도 생각해 볼 수 있을 거야. 개인적으로 나는 다닐로 키시, 카를로스 푸

엔테스, 고이티솔로 그리고 자네 같은 작가들이 극도의 열정을 품고 라블레에 대해서 말하는 것을 늘 들어 왔어. 그러니까 소설 장르의 '기원'이 자신의 조국에서는 진가를 인정받지 못하는데, 외국에서는 그 '기원'을 강력하게 주장하는 셈이야. 이 역설을 자네는 어떻게 설명하겠나?

M. K. 나는 이 역설의 가장 피상적인 양상에 대해서만 감히 말할 수 있을 거야. 라블레의 작품이 내 마음을 사로잡은 것은 내가 열여덟 살쯤 되었을 때야. 훌륭한 현대 체코어로 번역된 작품이었지. 라블레의 작품에 사용된 프랑스어 고어(古語)가 오늘날 이해하기 쉽지 않기 때문에, (좋은) 번역을 통해 그를 알게 된 사람에 비해서 프랑스 독자는 늘 라블레의 작품을 더 많은 먼지에 뒤덮이고 더 고리타분하며 더 교과서적인 작품으로 여길 거야.

G. S. 체코슬로바키아에서는 라블레가 언제 번역되었지? 누가 번역했고? 어떻게 번역했어? 그리고 그 번역본의 운명은 어땠어?

M. K. '보헤미아의 텔렘 수도원'이라고 불렸던, 훌륭한 소설가 몇몇이 모인 작은 집단이 번역했어. 『가르강튀아』 번역본은 1911년에 나왔어. 다섯 권 전부는 1931년에 출간되었고. 그 점에 관해 한 마디 할게. 30년 전쟁이 끝나자 문학 언어로서의 체코어는 거의 사라졌어. 19세기에 (다른 중부 유럽 국가

들처럼) 국가가 재탄생되기 시작할 때, 체코가 내걸은 것이 체코어를 다른 언어들과 동등한 유럽의 언어로 만들자는 거였어. 라블레의 번역에 성공하다니, 이건 한 언어가 성숙했다는 눈부신 증거잖아! 아닌 게 아니라, 『가르강튀아와 팡타그뤼엘』은 체코어로 쓰인 가장 아름다운 책들 가운데 하나야. 현대 체코 문학에 있어 라블레로부터 받은 영감은 대단한 거야. 체코 소설계의 가장 위대한 모더니스트인 블라디슬라프 반추라(1942년에 독일군에게 총살당했지.)는 정열적인 라블레 연구가였어.

G. S. 다른 중부 유럽 국가들에서 라블레는 어때?

M. K. 폴란드에서 라블레의 운명은 체코슬로바키아에서와 거의 비슷해. (역시 1941년 독일군에게 총살당한) 타데우시 제렌스키의 번역은 정말 훌륭했고, 폴란드어로 쓰인 가장 위대한 텍스트 가운데 하나일 정도야. 그리고 곰브로비치를 매혹한 것은 바로 이 폴란드어로 번역된 라블레야. 자신의 '스승들'에 대해서 말할 때, 그는 조금도 주저하지 않고 세 사람을 들었어. 보들레르, 랭보, 라블레야. 보들레르와 랭보는 모든 현대 예술가들이 습관적으로 꼽는 준거 대상이야. 라블레를 표방하는 것은 좀 더 드문 경우였지. 프랑스의 초현실주의자들은 라블레를 그다지 좋아하지 않았어. 중부 유럽 서쪽에서는 전위적인 모더니즘이 경박스럽게도 반전통주의적이었고, 서정시 안에서 거의 배타적으로 실현되었어. 곰브로비치의 모

더니즘은 좀 달라. 그의 모더니즘은 무엇보다도 소설의 모더니즘이야. 게다가 곰브로비치는 순진하게 전통의 가치를 반박하려 하지 않고, 그것을 '재구성'하려고, '재평가'(니체 식으로 말하자면 가치 전도Umwertung aller Werte)하려고 했어. 라블레와 랭보가 하나의 쌍, 하나의 프로그램인 셈이지. 내가 나름대로 이해한 바로는, 바로 이러한 가치 전도가 모더니즘을 주창한 가장 위대한 인물들에게 있어 의미 있고 새로운 시각이었어.

G. S. 프랑스의 학교 전통 (예를 들어 문학 교과서에서 드러나는 전통)에는 라블레를 '진지성(眞摯性)'의 기준으로 귀착시키거나 단순한 인본주의적 사상가로 몰아가는 경향이 있어. 유희, 활기, 기발, 음란, 웃음 등 그의 작품에 양분을 대는 것들은 감안하지 않는 거지. 바흐친이 가치화한 '카니발적' 부분을 말이야. 이러한 의미 축소 또는 왜곡을 자네는 어떻게 생각하나? 모든 정통성, 모든 실제적인 사상에 대항하는 아이러니의 역할에 대한 거부로 보아야 할까? 이 아이러니의 역할은 자네 의견에 따르면 소설 장르의 본질 그 자체인데 말이야.

M. K. 그것은 아이러니나 기발한 것 등의 거부보다도 더 나빠. 그것은 예술에 대한 무관심, 예술의 거부, 예술에 대한 거부 반응이고 일종의 '미조뮈즈'야. 라블레의 작품을 일체의 미학적 성찰에서 벗어나게 만들기 때문이지. 사료 편찬과 문학 이론이 점점 더 미조뮈즈해지고 있기에, 오직 작가들만이

라블레에 대해서 흥미로운 무엇인가를 말할 수 있어. 추억 하나를 이야기할게. 어떤 인터뷰에서 사람들이 살만 루슈디에게 프랑스 문학에서 가장 좋아하는 것이 무엇인지 물었어. 그는 "라블레, 그리고 『부바르와 페퀴셰』."라고 대답했어. 이 대답은 교과서의 장황한 장들보다도 더 많은 말을 하고 있어. 왜 『부바르와 페퀴셰』일까? 왜냐하면 『감정 교육』이나 『마담 보바리』의 플로베르와는 다른 플로베르이기 때문이야. 왜냐하면 진지하지 않은 플로베르이기 때문이야. 그리고 왜 라블레일까? 왜냐하면 그는 소설 예술에서 진지하지 않은 것의 개척자이고 설립자이며 화신이기 때문이야. 이 두 가지 준거에 의해 루슈디는 진지하지 않은 것의 원칙 자체를 강조해. 그리고 진지하지 않은 것은 바로, 역사 내내 무시되어 왔던 소설 예술의 가능성들 중 하나야.

베토벤에게 있어서 완전한 상속의 꿈

　이미 하이든이 그리고 모차르트가 고전주의 곡을 작곡하면서 가끔 다성음악을 부활시켰음을 나는 안다. 그렇지만 베토벤에게 있어서는 동일한 부활이 좀 다른 의미에서 악착스럽고 숙고된 것처럼 보인다. 나는 그의 후기 피아노 소나타를 생각한다. 작품 번호 106번,「하머클라비어를 위해서」의 마지막 악장은 푸가인데, 오래된 다성음악적 풍부함이 깃들어 있으면서도 새로운 시대의 정신으로부터 생동감을 얻고 있다. 더 길고, 더 복잡하며, 울림이 더 많고, 더 극적이며, 표현력이 더 풍부하다.

　피아노 소나타 작품 번호 110번은 나를 더욱 감동시킨다. 푸가는 세 번째 (마지막) 악장을 이룬다. 이 악장은 몇 마디로 구성된 짧은 악절로 도입되는데, 악절에는 레치타티보가 표시되어 있다.(여기서는 멜로디가 노래의 성격을 상실하고 말이 된다.

멜로디는 불규칙한 리듬으로 고조되며, 특히 16분음표와 32분음표로 이루어진 동일한 음의 반복으로 구성된다.) 네 부의 구성이 그 뒤를 잇는다. 첫 번째는 아리오소,(전부 단성적이고, 왼손 화음이 동반되는 멜로디는 우나코르다로 연주된다. 고전적으로 차분한 성향이다.) 두 번째는 푸가이고, 세 번째는 동일한 아리오소의 변주다.(동일한 멜로디가 표현력이 풍부해지고 애처로워진다. 낭만적으로 고뇌하는 것 같은 성향이다.) 네 번째는 동일한 푸가의 연속인데 주제가 전도된다.(피아노에서 포르테로 이행되며, 마지막 네 마디에서는 단성음악으로 변형되어, 일체의 다성음악적 흔적이 사라진다.)

그러므로 십 분이라는 좁은 공간 위에서 (짧은 레치타티보 프롤로그를 포함한) 이 3악장은 감정과 형식의 놀라운 이질성 덕분에 이채로움이 부각된다. 그렇지만 청중은 그것을 깨닫지 못하는데, 그 정도로 그 복합성은 자연스럽고 단순한 것처럼 보인다.(이것은 모범이 될 수 있는 사례. 위대한 거장의 형식적인 혁신에는 언제나 눈에 잘 띄지 않는 무엇인가가 있다. 진정한 완벽함이란 그런 것이다. 새로움이 돋보이기를 바라는 것은 시시한 거장에게서뿐이다.)

(다성음악의 표준 형식인) 푸가를 (고전주의 음악의 표준 형식인) 소나타에 도입하면서, 베토벤은 두 위대한 시대 사이의 이행으로 생긴 상처에 손을 댄 것처럼 보인다. 하나는 12세기 초기 다성음악부터 바흐까지의 시대이며, 다른 하나는 그 뒤를 잇는 시대로, 우리가 관습적으로 단성음악이라고 부르는 것에 기초한 시대다. 베토벤은 마치 이렇게 자문하기라도 하는

것 같다. 다성음악의 유산은 아직도 내게 속하는가? 그리고 만약 그렇다면, 각각의 성부가 완벽하게 들려야 하는 다성음악은 새로 부상하는 오케스트라에, 그 풍부한 울림 때문에 개별적인 성부를 구분하기 쉽지 않은 오케스트라에 어떻게 적응할 수 있을까?(수수한 옛날 피아노가 '하머클라비어'로 변형되는 것도 마찬가지다.) 그리고 다성음악의 차분한 성향은 고전주의와 더불어 태어난 음악의 감정적 주관성에 어떻게 저항할 수 있을까? 그렇게도 상반되는, 음악에 대한 이 두 가지 견해들이 공존할 수 있을까? 그리고 같은 작품(소나타, 작품 번호 106) 안에서도 공존할 수 있을까? 그리고 더 좁게 보아, 같은 악장(작품 번호 110의 마지막 악장) 안에서도?

초기부터의 유럽 음악 전체를 상속받기를 꿈꾸면서 소나타를 작곡하는 베토벤을 상상한다. 내가 보기에 베토벤이 가졌다고 여겨지는 이 꿈, 이 위대한 합(合)의 꿈,(겉보기에 융합할 수 없는 두 시대의 합의 꿈) 이것은 백 년이 지난 후에나 완벽하게 실현되는데, 특히 쇤베르크와 스트라빈스키에 의해서였다. 이 두 사람 역시, 완전히 상반된 (또는 아도르노가 완전히 상반된다고 보려고 했던*) 각각의 여정에도 불구하고, (단순히) 근

---

* (원주)『배반당한 유언들』3부「스트라빈스키에게 바치는 즉흥시」에서 나는 스트라빈스키와 쇤베르크의 관계를 세밀히 살핀다. 스트라빈스키의 모든 작품은 12세기부터 20세기까지를 아우르는 긴 여행 형식으로 이루어진 유럽 음악사의 위대한 요약이다. 쇤베르크 또한, 스트라빈스키처럼 '수평적'이고 '서사적'이며 산책하는 것 같은 방식이 아니라, '12음 기법'이라는 유일한 합(合)의 시각으로 자신의 음악에 음악사 전체에 대한 경험을 포함시킨다. 아도르노는 이 두 사람의 미학을 완전히 상반되는 것으

접한 선구자들의 계승자가 아니라, 음악사 전체의 (아마도 마지막일) 완전한 상속자들이었으며, 이 상속은 전적으로 의식적으로 이루어졌다.

로 대립시킨다. 하지만 그는, 거시적 시각에서 이 두 사람을 근접시키는 공통점을 보지 못한다.

원(原)-소설,
카를로스 푸엔테스의 생일에 부치는 공개 편지

친애하는 카를로스

자네 생일이기도 하고, 내 생일이기도 하네. 자네가 태어난 지 칠십 년이고, 내가 프라하에서 자네를 처음 본 지 정확히 삼십 년이 되었네. 러시아의 침공 몇 달 후 자네는 훌리오 코르타사르, 가브리엘 마르케스와 함께 체코에 와서 우리 작가들을 염려해 주었지. 몇 년 후에 나는 프랑스에 자리를 잡았고, 그때 자네는 프랑스 주재 멕시코 대사였어. 우리는 자주 만나서 이야기를 나누었어. 조금은 정치에 관해서였고, 많은 부분은 소설에 관해서였어. 특히 이 소설의 주제에 대해 우리 생각은 매우 가까웠어.

우리는 그때 자네의 거대한 라틴 아메리카와 나의 왜소한 중앙 유럽 사이의 뜻밖의 유사성에 대해 이야기를 했어. 이 두 지역이, 환상적이고 요술 같으며 몽환적인 상상력의 유혹에 예민하게 반응하게 만드는 바로크에 대한 역사적 기억에 깊은 영향을 받았다는 것이었지. 또 다른 공통점도 있었어. 우리의 이 두 지역이 20세기 현대 소설, 그러니까 프루스트 이후 소설의 진화에 결정적인 역할을 했다는 것이지. 우선 1910년, 1920년, 1930년대에는 내가 속한 유럽 지역의 위대한 작가들, 그러니까 카프카, 무질, 브로흐, 곰브로비치 등이 결정적인 역할을 했어.(브로흐에 대해서 우리가 똑같이 감탄한다는 점에 우리는 놀랐는데, 그 감탄은 그와 동시대 사람들이 느끼는 것보다 더 큰 것 같았고, 동시에 다르기도 했어. 우리는 그가 소설의 새로운 미학적 가능성을 열었다고 생각했지. 그는 무엇보다도 『몽유병자들』의 작가였기 때문이야.) 그리고 1950년, 1960년, 1970년대에는 자네가 속한 지역의 인물들이 결정적인 역할을 했는데, 이들은 소설 미학을 지속적으로 변형시켰어. 후안 룰포, 카르펜티에르, 사바토 같은 작가들, 그리고 자네와 자네 친구들이야.

두 가지 충실성이 우리를 규정했네. 20세기에 있어서 현대 예술의 혁명에 대한 충실성과 소설에 대한 충실성이었지. 이 두 충실성이 한 곳으로 수렴되지는 않았어. 왜냐하면 아방가르드는 소설을 이미 지나간 것으로, 돌이킬 수 없을 정도로 인습적인 것으로 간주하면서 늘 소설을 모더니즘 밖으로 추방했기 때문이야. 그 후에, 그러니까 1950, 1960년대에, 시대에 뒤떨어진 아방가르드들이 소설의 모더니즘을 창안하고 주장하려 했지만, 그들은 순전히 부정적인 길을 통해서 목표에 도달했어. 작중인물도 없고, 줄거리도 없고, 이야기도 없고, 가능하다면 구두점도 없는 소설, 당시에는 반(反)-소설이라고 부르도록 내버려

둔 소설 말이야.

  흥미로운 점은 현대시를 창안한 사람들이 반(反)-시를 하겠다고 주장하지 않았다는 것이야. 오히려 반대로, 보들레르 이후 시적 모더니즘은 시의 본질에, 시의 가장 깊은 특성에 근본적으로 다가가기를 열망했어. 그런 의미에서 나는 현대 소설을 반-소설이 아니라 원(原)-소설이라고 상상했어. 원-소설은 첫째, 오직 소설만이 말할 수 있는 것에 집중하고, 둘째, 소설 예술이 지난 4세기의 역사 동안 축적해 온 모든 가능성들, 등한시되고 잊힌 모든 가능성들을 되살리는 것이야. 자네의 『테라 노스트라』를 읽은 지 이제 이십 년이 되었네. 내가 읽은 것은 한 편의 원-소설이었어. 자네 작품은 원-소설이 존재했고, 존재할 수 있었다는 증거지. 그것은 소설의 위대한 모더니티야. 소설의 매혹적이고 난해한 새로움이고.

  잘 있게, 카를로스!

밀란.

이 편지는 1998년 《로스앤젤레스 타임스》에 기고한 것이다. 오늘 나는 여기에 무엇을 덧붙일 수 있을까? 브로흐에 대해 몇 마디 덧붙인다.

  그가 살았던 시대에 유럽의 전체적인 비극이 악화된 것은 그의 운명이었다. 마흔세 살이 되던 1929년, 그는 『몽유병자들』을 집필하기 시작하며, 이 삼부작 소설은 1932년에 완성된다. 이 시기는 그의 인생 중반의 찬란한 사 년이었을 것이다! 자부심으로 가득 차고 자신에 대한 확신이 있었던 그는 당시 『몽유병자들』의 시학을 "문학의 진화에서 새로운 시기"(1930년의 편지)를 여는 "완전히 새로운 현상"(1931년의 편지)으로 간주한다. 그는 틀리지 않았다. 하지만 『몽유병자들』이 완성되자마자 그는 유럽에서 "허무의 횡행이 시작"(1934년의 편지)되는 것을 보며, "그 공포의 시대에는 모든 문학이 무용"(1936년의 편지)하다는 감정이 그를 엄습한다. 그는 투옥되었다가 강제로 미국으로 이주된다.(그는 그 후로 다시는 유럽을 보지 못한다.) 베르길리우스가 자신의 서사시 「아이네이스」를 없애기로 결심했던 전설에 영감을 받아 그가 『베르길리우스의 죽음』을 쓴 것은 바로 그 암울한 시절이었다. 이것은 소설 형태로 쓰인 소설 예술에 대한 숭고한 작별 인사이며, 동시에 그 자신에게 있어서는 "죽음에 대한 내밀한 준비"(1946년의 편지)였다. 아닌 게 아니라 옛 텍스트를 (여전히 훌륭하게) 몇 부분 손을 대는 일을 제외하고는 그는 "성공과 허영의 문제"(1950년의 편지)인 문학을 포기하고, 죽을 때까지 학자의 연구실에 칩거한다. 그의 미학적 자기희생의 도덕적 파토스에 눈이 먼 대학교수들과 철학자들은 그의 예술보다는 그의 태도와 사고에 더 많은 관심을 기울인다. 무척 안타까운 일이다. 그의 죽음 뒤에 살아남게 되는 것은 학자로서의 업적이 아니라 그의 소설, 특히 "전적으로 독창적인" 시학을 갖춘 『몽유병자들』이기 때문이다. 이 소설에서 브로흐는 소설적 모더니티를 형식적 가능성들의 위대한 합(合)의 실험으로 이해했는데, 이러한 합은 그때까지 단 한 번도 시도되지 않았던 것이었다. 1999년 내내 《프랑크푸르터 알게마이네 자이퉁》 신문은 전 세계 작가들을 대상으로 설문조사를 실시했다. 매주 그들 가운데 한 사람이 가장 유명하다고 생각하는 금세기 문학 작품을 지정하는 (그리고 그 선택의 정당함을 증명하는) 설문조사였다. 푸엔테스는 『몽유병자들』을 선택했다.

유산의 전적인 거부 혹은 이안니스 크세나키스
1980년 출간된 글이나 2008년 삽입글 두 편 추가

1

러시아의 체코 침공 후 이삼 년이 지났을 때였다. 나는 바레즈와 크세나키스의 음악에 매료되었다.

그 이유를 자문해 본다. 아방가르드의 속물 근성 때문이었을까? 그 시기 나의 고독한 삶에서 속물 근성은 아무 의미도 없었을 것이다. 전문가의 관심 때문이었을까? 바흐 곡의 구조라면 어떻게 이해해 볼 수도 있었지만, 크세나키스의 음악 앞에서 나는 완전히 무장해제되고, 교양도 없고 기초도 없는, 그러니까 완벽하게 순진한 한 청중이었다. 그럼에도 게걸스럽게 그의 작품을 찾아 들었고, 그러면서 진지한 즐거움을 경험했다. 내게는 그 음악이 필요했다. 그 음악은 내게 기묘한 위안을 가져다주었다.

그랬다, 단어는 무기력했다. 나는 크세나키스의 음악 안에서 위안을 찾았다. 내 인생과 조국의 가장 암울한 시기에 나는 그를 좋아하는 법을 배웠다.

하지만 나는 왜 스메타나의 애국적인 음악에서가 아니라 크세나키스의 곡에서 위안을 구했을까? 스메타나의 음악에서 막 사형 선고를 받은 내 나라의 영속성에 대한 환상을 발견할 수도 있었을 텐데 말이다.

나의 조국을 강타한 (그 결과가 백 년 동안 지속될) 대재앙이 불러일으킨 환멸은 단지 정치적 사건들에 국한되지 않았다. 그 환멸은 있는 그대로의 인간과 관련되었다. 잔인함 그리고 그 잔인함을 감추기 위해 사용되는 비열한 알리바이를 동시에 가진 인간, 언제든지 감정으로 자신의 야만성을 정당화할 준비가 되어 있는 인간과 관련된 것이었다. (사적인 삶이나 공적인 삶을 막론하고) 감정적인 동요는 광포함과 모순되는 것이 아니라 함께 섞인다는 것을, 그것이 다른 것의 일부라는 점을 나는 실감하고 있었다.

2

2008년에 덧붙인다. 옛날 글에서 "막 사형 선고를 받은 내 나라……" 그리고 "나의 조국을 강타한 (그 결과가 백 년 동안 지속될)……"이라는 문장을 읽으면서, 본능적으로 이것들을 지워 버리려 했다. 오늘날에는 그 문장들이 터무니없게 느껴

질 수밖에 없었기 때문이다. 그러고는 자제했다. 그리고 내 기억이 자기검열을 하는 것이 약간은 불쾌하다는 생각까지 했다. 기억의 영예와 재앙은 그런 것이다. 기억은 지나간 사건들의 논리적 결과를 보전할 수 있다는 것을 자랑스럽게 여긴다. 하지만 우리가 그 사건들을 겪는 방식에 관해서는, 기억은 그 어떤 진실의 의무에 의해서도 구속감을 느끼지 않는다. 이 짧은 구절들을 삭제하려고 하면서, 기억은 그 어떤 거짓말에 대해서도 죄책감을 느끼지 않았다. 만약 기억이 거짓말하기를 원했다면, 그것은 진실의 이름으로서가 아니었을까? 왜냐하면 그동안 역사가 러시아의 체코슬로바키아 점령을, 세상 사람들이 벌써 잊어버린 하나의 사소한 에피소드로 만든 것이 오늘날에는 명백한 사실이기 때문이 아닐까?

물론이다. 하지만 나와 친구들은 마치 희망 없는 대재앙처럼 이 사소한 에피소드를 겪었다. 그리고 지금 우리가 당시 정신 상태를 잊는다면, 우리는 그 시대의 의미이건 결과이건 아무것도 이해할 수 없을 것이다. 우리 절망은 공산주의 체제가 아니었다. 체제는 생겨나고 지나가는 것이다. 하지만 문명 간 경계는 지속된다. 그리고 우리는 다른 문명이 우리를 삼키는 것을 보았다. 러시아 제국 안에서 많은 국가들이 그들 언어와 정체성마저도 잃는 중이었다. 체코라는 나라는 영원불멸이 아니었고, 또한 존재하지 않을 수도 있었다. 나는 단번에 이 (놀랄 만큼) 자명한 이치를 깨달았다. 이런 강박적 생각이 아니라면, 크세나키스에 대한 내 기이한 집착은 이해될 수 없을 것이다. 그의 음악은 유한성의 불가피함으로 나를 위로했던 것이다.

3

1980년 텍스트 재수록. 인간의 잔인성을 정당화하는 감정들과 관련해 나는 카를 구스타프 융의 성찰을 상기한다.『율리시스』분석에서 융은 제임스 조이스를 "무감각의 예언자"라고 부르며 이렇게 말한다. "우리에겐 감정적인 기만이 몰상식할 정도로 확산되는 것을 이해할 수 있는 몇몇 기준이 있다. 전시에 대중의 감정이 실제로 대재앙을 불러일으키는 역할에 대해서 생각해 보자. (……) 감상벽은 광포함의 상부 구조다. 확신하건대 우리는 감상벽의 포로이며 (……) 따라서 이를 보정해 주는 무감각의 예언자가 우리 문명에서 출현하리라는 것이 전적으로 가능하다고 생각해야 한다."

"무감각의 예언자"일지언정 제임스 조이스는 소설가로 남을 수 있었다. 나는 그가 자신처럼 "예언"을 한 전임자들을 소설의 역사에서 찾았을 것이라고 생각하기까지 한다. 미학 범주로서의 소설은 인간 감정의 개념에 필연적으로 연루되어 있지 않다. 반면에 음악은 이 개념을 벗어날 수 없다.

스트라빈스키 같은 작곡가는 감정 표현으로서의 음악을 거부하지만, 순진한 청중은 음악을 달리 이해할 줄 모른다. 그것은 음악의 저주이며, 음악의 유감스러운 측면이기도 하다. 바이올리니스트가 라르고로 어떤 곡의 첫 긴 음 세 개만 연주해도, 민감한 청중은 "아, 이 얼마나 아름다운가!"라고 한숨을 쉬며 말한다. 감동을 불러일으키는 이 첫 세 음 안에는 아무것도 없다. 그 어떤 창조도, 창작도 없이, 아무것도 아닌 것이다.

가장 우스꽝스러운 "감정적인 기만"이다. 하지만 이러한 방식으로 음악을 받아들이지 않는 사람, 음악이 불러일으키는 이 어리석은 한숨을 내쉬지 않는 사람은 없다.

　유럽 음악은 하나의 음과 하나의 음계로 이루어진 인위적인 소리에 기초한다. 그래서 유럽 음악은 세상의 객관적인 울림과 맞선다. 탄생할 때부터 유럽 음악은 극복할 수 없는 관습에 의해 주관성과 연결되어 있다. 마치 예민한 영혼이 우주의 무감각과 맞서듯, 유럽 음악은 외부 세계의 천연적인 울림과 맞선다.

　하지만 (인간을 더 인간답게 만들며 인간의 이성적인 냉담함을 약화하는 힘으로 지금까지 간주되어 왔던) 감상벽이 단숨에 가면을 벗고, 증오 속에, 복수 속에, 피를 보는 승리의 환희 속에 항상 존재하는 "광포함의 상부 구조"로 등장하는 순간이 (한 인간의 삶에서나 한 문명의 삶에서) 올 수 있다. 내게 음악이 감정의 폭음으로 들린 반면, 크세나키스의 곡에서 소음의 세계가 아름다움이 된 것은 바로 그런 때다. 그것은 감정의 더러움이 씻겨 나간 아름다움이며, 감상적인 야만이 빠진 아름다움이다.

4

　2008년에 덧붙인다. 정말 공교롭게도 크세나키스에 생각이 미치던 그때, 나는 젊은 오스트리아 작가인 토마스 글라바니크의 책을 읽는다. 『밤 일』이다. 요나스는 서른 살 먹은 남자인데, 어느 날 아침 잠에서 깨어나 보니 세상이 텅 비어 있다.

사람들의 모습이 전혀 보이지 않는다. 그의 집, 거리, 상점, 카페 모두 제자리에, 아무것도 바뀐 것 없이, 전과 마찬가지로 그대로 있다. 어제까지 그곳에 살던 사람들의 흔적은 그대로 있지만 사람들은 없다. 소설은 요나스가 이 버려진 세상을 걸어서, 그리고 차를 타고 헤매는 사건을 이야기한다. 요나스는 마음대로 차를 바꾸어 탄다. 운전사만 없이 모든 차들이 그대로 있기 때문이다. 자살하기 전까지 몇 달 동안 요나스는 이렇게 세상을 돌아다니며 삶의 흔적과 자신의 추억 그리고 다른 사람들의 추억까지 필사적으로 찾는다. 그는 집들, 성들, 숲들을 바라보며, 그것들을 보았지만 이제는 그 자리에 없는 수없이 많은 세대의 사람들을 생각한다. 그리고 그는 자신이 보는 모든 것이 망각이라는 점을, 망각 외에는 아무것도 아니라는 점을, 자신이 그 자리에서 사라지는 그 순간 완전무결한 망각이 실현되리라는 점을 깨닫는다. 그리고 나는 지금 존재하는 모든 것(국가, 사상, 음악) 또한 존재하지 않을 수 있다는 이 (놀랄 만큼) 자명한 이치에 대해 새삼 생각한다.

5

1980년 텍스트 재수록. 조이스는 "무감각의 예언자"이면서도 소설가로 남을 수 있었다. 반면에 크세나키스는 음악에서 벗어났어야 했다. 그의 혁신은 드뷔시나 쇤베르크의 혁신과는 다르다. 이들은 음악사와의 연결 끈을 결코 잃어버리지 않았기에 언제든지 "뒤로 다시 돌아올" 수 있었다.(사실 그들은 자주 돌아오곤 했다.) 크세나키스의 경우에는 그러한 다리가 끊어졌던 셈이다. 올리비에 메시앙은 크세나키스의 음악이 "근본적으로 새로운 것이 아니라 근본적으로 다른 것"이라고 말했다. 크세나키스의 음악은 이전 단계의 음악과 대립되지 않는다. 그는 모든 유럽의 음악을, 유럽의 유산 전체를 우회한다. 그의 출발점은 다른 곳에 있다. 그의 출발점은 인간의 주관성을 표현하기 위해 자연으로부터 유리되었던 음이 내는 인위적인 소리 안이 아니라, 세상의 소리 안, 마음속에서 분출되는 것이 아니라 마치 비가 내리는 소리나 공장의 왁자지껄한 소리 또는 대중의 고함소리처럼 외부로부터 우리를 향해 도달하는 '음(音)의 덩어리' 안에 있다.

음과 음계 너머에 있는 소리와 소음에 대한 그의 실험은 음악사에서 하나의 새로운 시기를 구축할 수 있을까? 그의 실험은 음악 애호가들의 기억 속에 오랫동안 남아 있을까? 분명히 그럴 것이다. 남아 있게 되는 것은 거대한 거부의 몸짓이다. 처음으로 누군가가 유럽 음악에 대해 그것을 포기하는 것이 가능하다고 감히 말했다. 잊는 것이 가능하다는 말이다.(크세나키스가 젊었을 때, 그 어떤 작곡가도 알지 못했던 인간 본성을 알 수 있었다면 그것은 우연일까? 내전의 학살을 겪고, 사형 선고를 받고, 준수한 얼굴에 영원히 지워지지 않는 상처가 남겨지면서…… 말이다.) 그리고 나는 한 영혼의 주관적 울림에 반대해서 세상의 객관적 울림을 선택하기로 결심하게 만든 필연성에 대해서, 심오한 의미로서의 필연성에 대해서 생각한다.

5부 복합적인 만남처럼 아름다운

전설적인 만남

1941년 미국으로 이민을 떠나면서 앙드레 브르통은 마르티니크에 기착한다. 비시 행정부는 그를 며칠 동안 감금한다. 석방 후 포르드프랑스에서 산책을 하던 그는 한 잡화점에서 오래된 지방 잡지 한 권을 발견한다. 《트로피크(회귀선)》다. 그는 암담한 인생의 그 순간에 그 잡지를 보고 넋을 잃는다. 그 잡지가 그에게는 시와 용기의 빛처럼 보였던 것이다. 브르통은 에메 세제르를 중심으로 모인 이십 대 청년 편집진과 재빨리 인사를 하고, 그들과 붙어 지내게 된다. 브르통에게는 기쁨과 격려였고, 마르티니크 사람들에게는 미학적 영감과 잊을 수 없는 매혹이었다.

그 몇 년 후인 1945년, 프랑스로 돌아오는 길에 브르통은 잠시 아이티의 포르토프랭스에 들러 강연을 한다. 섬의 지식인들이 모두 참석하는데, 그들 가운데에 자크 스테팡 알렉시와 르네 드페스트르라는 매우 젊은 작가들이 있다. 이들은 브르통의 강연을 듣고, 마치 몇 년 전에 마르티니크 사람들이 그랬던 것처럼 그에게 매혹된다. 이들이 내는 잡지《라 뤼슈(벌집)》(또 하나의 잡지! 지금은 그렇지 않지만, 그때는 위대한 잡지 시대였다.)는 브르통 특집호를 발간한다. 특집호는 발매 금지되고, 잡지는 발행 금지된다.

아이티 사람들에게 브르통과의 만남은 일시적이면서도 잊지 못할 사건이었다. 나는 만남이라고 표현했다. 교류도 아니고 우정도 아니며, 동맹조차도 아니다. 만남, 다시 말해 스파크고 섬광이고 우연이다. 그때 알렉시는 스물세 살이었고, 드페스트르는 열아홉 살이었다. 그들은 초현실주의에 대해 매우 피상적으로만 알았고, 예를 들어 (초현실주의 운동 내부의 균열 같은) 정치적 상황은 전혀 몰랐다. 지적인 측면에서 순수하기도 하거니와 갈증을 느끼던 그들은 브르통에게, 그 반항의 태도에, 그의 미학이 권장하는 상상의 자유에 매료되었다.

알렉시와 드페스트르는 1946년 아이티의 공산당을 창당하며 혁명적 성향의 글을 쓰게 된다. 그 당시에는 도처에서 어쩔 수 없이 러시아와 '사회주의적 사실주의'의 영향 아래 놓여 있던 세계 모든 곳에서 이러한 문학이 실행되고 있었다. 그런데 아이티 사람들에게 있어서 스승은 고리키가 아니고 브르통이다. 그들은 사회주의적 사실주의에 대해서 말하지 않는다. 그들의 좌우명은 바로 '경이로운 것'의 문학 혹은 '경이로운 사실적인 것'의 문학이다. 알렉시와 드페스트르는 곧 이민을 떠날 수밖에 없는 처지가 된다. 그리고 1964년 알렉시는 투쟁을 계속하려는 생각으로 아이티로 돌아온다. 그는 체포되어 고문받고 죽는다. 그의 나이 서른아홉이다.

복합적인 만남처럼 아름다운

세제르. 그는 위대한 창설자다. 그는 마르티니크 정치의 창설자이며, 세제르 이전에 마르티니크 정치는 없었다. 동시에 그는 마르티니크 문학의 창설자이기도 하다. (비교할 수 없을 만큼 전적으로 독창적인 시이고, 브르통의 말을 빌면 "이 시대의 가장 위대한 서정적 기념비"인) 그의 「고국으로의 귀환 노트」는 마르티니크에 있어서 매우 중요한데, 그것은 마치 미츠키에비치(1798~1855)의 「판 타데우시」가 폴란드에 매우 중요하고, 페퇴피(1823~1849)의 시가 헝가리에 있어서 매우 중요한 것과 마찬가지다. 달리 말해 세제르는 이중의 창설자다. (정치적인 그리고 문학적인) 두 창설이 한 인물 안에서 만난다. 하지만 미츠키에비치나 페퇴피와는 반대로, 그는 단지 창설자-시인이 아니라 현대 시인이고, 랭보와 브르통의 상속자이기도 하다. (시작되는 시대와 절정의 시대라는) 상이한 두 시대가 그의 작품 안에서 경이롭게 서로 얽혀 있는 것이다.

1941년과 1945년 사이에 9호가 발행된 잡지 《트로피크》는 다음과 같이 중요한 주제 세 가지를 체계적으로 다루었는데,

나란히 배열된 이 주제들 역시 세상 그 어떤 아방가르드 잡지에서도 이루어지지 않은 독특한 만남으로 보인다.

1) 마르티니크 해방, 정치적 해방 그리고 문화적 해방

아프리카 문화에 대한 관심, 특히 사하라 사막 남쪽의 블랙 아프리카에 대한 관심. 과거 노예 제도에 대한 뜻밖의 탐구. '흑인성' 사상의 첫 걸음.('흑인성'은 세제르가 '흑인'이라는 단어의 경멸적 함의에 자극받아 도전하듯 세상에 내놓은 단어다.) 마르티니크 문화, 정치 상황의 개관. 반교권(反敎權)주의적이고 반(反)비시정부적인 논쟁들.

2) 시와 현대 예술 교육

랭보, 로트레아몽, 말라르메, 브르통 등 현대시의 주인공들에 대한 열광. 3호부터 초현실주의적 경향에 대한 노정.(이 젊은이들은 비록 정치화되었지만 정치를 위해 시를 희생하지 않는다는 점을 주목하자. 그들에게 초현실주의는 무엇보다도 하나의 예술 운동이다.) 청춘답게 열광적인 초현실주의와의 동일시. "경이적인 것은 언제나 아름다우며, 경이적인 것은 그 어떤 것도 아름답고, 아름다운 것은 경이적인 것밖에 없기까지 하다." 브르통의 말이다. "경이적인 것"이라는 단어는 그들에게 하나의 패스워드가 된다. 브르통이 사용한 문장들의 대표적인 통사 구조(아름다움은 발작적이든지 혹은 그렇지 않을 것이다.)는 로트레아몽의 대표적인 표현 형식(해부대 위에서 이루어진 재봉틀과 우산의 뜻밖의 만남처럼 아름다운……)과 마찬가지로 자주 모방

된다. 세제르는 "로트레아몽의 시는 강제 수용 명령처럼 아름답다."라고 말한다.(그리고 브르통조차 "에메 세제르의 말은 막 발생되는 산소처럼 아름답다."라고 말한다.)

3) 마르티니크의 애국심의 기초

철저하게 알아야 하는 조국처럼 또는 자기 집처럼 섬을 껴안고자 하는 욕망. 마르티니크의 동물상(動物相)에 대한 장문의 텍스트. 그리고 마르티니크 서식 식물군과 그 명칭의 기원에 대한 또 하나의 텍스트. 특히 민중 예술. 열대 식민지 설화의 주석과 출판.

민중 예술에 대해서 말하자면, 유럽에서 민중 예술은 브렌타노, 아르님, 그림 형제, 리스트, 쇼팽, 브람스, 드보르자크 같은 낭만주의자들에 의해 발견되었다. 모더니스트들에게 민중 예술은 매력을 상실한 것으로 알려져 있다. 이것은 잘못된 생각이다. 버르토크와 야나체크뿐 아니라 라벨, 미요, 파야, 스트라빈스키도 민중 음악을 좋아했고, 잊어버린 음계, 알려지지 않은 리듬, 갑작스러움, 즉각성을 민중 문학에서 발견했는데, 이것들은 콘서트홀이 이미 오래전에 잃어버린 것들이다. 낭만주의자들에게는 그렇지 않았지만, 민중 예술은 모더니스트들의 미학적 비순응주의를 공고하게 했다. 마르티니크 예술가들의 견해도 마찬가지다. 그들이 보기에 민속 설화의 환상적 측면은 초현실주의자들이 격찬한 상상력의 자유와 뒤섞인다.

영원히 발기 중인 우산과 제복 재봉틀의 만남

드페스트르. 나는 『정원-여자를 위한 할렐루야』라는 시사적 제목이 붙은 1981년의 중편 소설집을 읽는다. 드페스트르의 에로티시즘은 이런 식이다. 모든 여자들이 어찌나 성적 매력이 넘쳐나는지, 표지판조차도 완전히 흥분해서는 여자들을 향해 돌아선다. 그리고 남자들은 어찌나 호색한지, 과학 강연 중에도, 외과 수술 중에도, 우주선 안에서도, 그네에서도 성교를 할 준비가 되어 있다. 이 모든 것은 순수한 쾌락을 위해서다. 심리적인, 도덕적인, 실존적인 문제는 없으며 우리는 악덕과 무구함이 유일하고 동일한 사물로 존재하는 세계에 있다. 평소에는 이러한 서정적 도취가 지루하다. 내가 드페스트르의 책을 읽기 전에 누군가가 그에 대해서 말했다면, 나는 그의 책을 열어 보지 않았을 것이다.

다행스럽게도 나는 내가 무엇을 읽게 될 것인지 모르면서 그 책들을 읽었고, 독자에게 일어날 수 있는 최상의 일이 내게 일어났다. 나는 사랑해서는 안 되었을 것을, 확신에 차서 (혹은 당연히) 사랑했다. 드페스트르보다 재능만 아주 조금 떨어지는 누군가가 동일한 것을 표현하려 했다면, 그것은 하나의 캐리커처밖에 되지 않았을 것이다. 하지만 드페스트르는 진정한 시인이거나, 서인도제도 식으로 말하자면, 경이적인 것의 진정한 스승이다. 그는 지금까지 기록되지 않았던 것을 인간의 실존적 지도 위에 성공적으로 기록했는데, 그것은 행복하고 순진한 에로티시즘이나, 구속에서 벗어났기에 그만큼이나 천국 같은 성 본능이 좀처럼 다가갈 수 없었던 한계다.

 나는 『중국 기차에서의 에로스』라는 제목이 붙은 중편 소설집에서 또 다른 작품들을 읽는다. 조국에서 추방된 이 혁명가에게 당시 팔을 벌렸던 공산주의 국가들에서 일어나는 몇몇 이야기들을 나는 주목한다. 지금 나는 놀라움과 애정으로 이 아이티의 시인을 상상한다. 머리는 광적일 정도의 에로틱한 환상으로 가득 찬 그가 사실 같잖은 엄격주의가 지배하고, 최소한의 에로틱한 자유조차도 비싼 대가를 치르던 스탈린 시대의 사막을 가장 혹독한 시절에 횡단하는 모습이다.

 드페스트르와 공산주의. 이것은 영원히 발기 중인 우산과 제복, 수의를 만들어 내는 재봉틀과의 만남이다. 그는 자신이 겪은 사랑 이야기를 한다. 하룻밤의 사랑 때문에 구 년 동안 투르케스탄의 나병 환자 수용소로 추방되었던 한 중국 여인과의 사랑, 과거 한 시절에 외국인과 동침했다는 것이 유죄로 인정된 모든 유고슬라비아 여자들처럼, 머리를 깎일 뻔했던 한 유고슬라비아 여인과의 사랑 이야기들이다. 나는 오늘 이 몇몇 작품들을 읽으면서, 돌연 우리가 사는 세기 전체가, 마치 한 흑인 시인의 음울한 환상에 불과하기라도 하듯 비현실적이고 있을 법하지 않은 것처럼 보인다.

밤의 세계

"카리브 대규모 농장 노예들은 서로 다른 두 세계를 경험했다. 낮의 세계가 있었다. 그것은 백색 세계였다. 밤의 세계가 있었다. 그것은 고유의 마법, 정신, 진정한 신들이 있는 아프리카의 세계였다. 이 밤의 세계에서는 낮 동안에 모욕을 받은 누더기를 걸친 사람들이 — 자신들이 보기에 그리고 동료들이 보기에 — 왕으로, 마법사로, 치료사로 변신한다. 대지의 진정한 힘과 소통하며 절대적인 힘을 소유한 존재로 변신하는 것이다. (……) 문외한의 눈에는, 노예 주인들의 눈에는, 밤의 아프리카 세계는 가식의 세계, 유치한 세계이고 사육제로 보일 수 있었다. 하지만 아프리카 인에게는 (……) 하나밖에 없는 진정한 세계가 그곳이었다. 이 세계는 백인들을 유령으로 만들었고, 대규모 농장의 삶을 단순한 몽상으로 만들었다."

마찬가지로 서인도제도 출신인 나이폴이 쓴 이 글 몇 줄을 읽고 나서, 나는 에르네스트 브를뢰르의 그림들이 모두 밤의 그림인 것을 돌연 깨달았다. 그의 그림에서 밤은 특이한 배경이며, 위선적인 낮의 이면에 존재하는 '진정한 세계'를 출현하게 할 수 있는 유일한 것이다. 그리고 나는 이 그림들이 여기, 서인도제도에서만 탄생할 수 있다는 것을 이해하는데, 이곳에는 노예 제도의 과거가 예전에 집단 무의식이라고 불리던 것 안에 고통스럽게 각인되어 여전히 남아 있다.

그렇지만 아프리카 민중 예술에서 차용된 모티프들을 판별해 보면, 브를뢰르 초창기의 그림들이 모두 아프리카 문화에 의식적으로 뿌리를 내린 데 반해, 후기 그림들은 시간이 흐를수록 점점 더 개인적인 특징을 보이고, 그 어떤 프로그램에서도 자유로워 보인다. 여기서 역설이 나온다. 한 마르티니크 사람이 흑인으로서 갖는 정체성이 선명하고 명백하게 현재하는 것은 바로 더 이상 개인적일 수 없는 이 그림 안에서다. 이 그림은 첫째, 밤의 왕국의 세계다. 둘째, 그것은 만물이 신화로 변신하는 세계다.(만물, 즉 일상의 하찮은 대상들 모두며, 여기에는 신화적인 동물로 바뀐 에르네스트의 강아지도 포함된다. 이 강아지는 그의 많은 그림에서 발견된다.) 셋째, 그것은 잔혹함의 세계다. 마치 노예 제도라는 지워지지 않는 과거가 육체에 대한 강박관념으로 되돌아오던 것과 같다. 그 육체는 고통의 육체이며, 고문받고 고문받을 수 있는, 그리고 상처 받을 수 있으며 상처 받은 육체다.

잔혹함과 아름다움

우리는 잔혹함에 대해서 이야기하고, 브를뢰르가 조용한 목소리로 말한다. "어쨌든 회화에서는 무엇보다도 아름다움이 문제예요." 나는 이 말을 이렇게 해석한다. 흥분, 공포, 혐오, 충격 같은 미학 너머의 감정을 불러일으키는 것을 예술은 늘 경계해야 한다. 나체로 오줌 누는 여자의 사진은 발기하게 만들 수 있지만, 피카소의 「오줌 누는 여인」에서 동일한 효과를 끄집어낼 수는 없을 것이라고 나는 믿는다. 비록 이 그림이 훌륭하게 에로틱한데도 말이다. 영화에서 대학살 장면이 나오면 우리는 시선을 돌리지만 똑같은 공포를 보여 주는 「게르니카」 앞에서는 시선이 즐거워한다.

머리 없이 허공에 매달린 몸들, 이것이 브를뢰르의 최근 작품들이다. 나는 그 작품들의 날짜를 본다. 이러한 시리즈에 관한 작업이 진행되면 될수록, 허공에 버려진 몸의 주제는 애초의 충격성을 점점 상실한다. 훼손되어 허공에 버려진 몸은 점점 덜 고통스럽고, 작품 하나하나를 지나면서 그 몸은 별들 사이에서 길을 잃은 천사처럼, 아득한 곳으로부터 온 마법의 초대처럼, 관능적인 유혹처럼, 유희적인 묘기처럼 보이게 된다. 애초의 주제는 무수히 많은 변이형들을 거치면서 잔혹함의 영역에서 (이 패스워드를 다시 사용한다면) 경이적인 것의 영역으로 이행된다.

아틀리에에는 내 아내인 베라 그리고 마르티니크의 철학자인 알렉상드르 알라리크가 우리와 같이 있다. 언제나 그렇듯이 우리는 식사 전에 펀치를 마신다. 그러고 나서 에르네스트가 점심 식사를 준비한다. 식탁 위에는 식기세트 여섯 벌이 있다. 왜 여섯 벌일까? 마지막 순간에 베네수엘라 출신 화가인 이스마엘 문다라이가 도착한다. 우리는 식사를 시작한다. 하지만 희한하게도 여섯 번째 식기 세트는 식사가 끝날 때까지 사용되지 않는다. 한참 후에 에르네스트의 부인이 일에서 돌아온다. 미인이고, 금방 알 수 있는데, 사랑받는 여자다. 우리는 알렉상드르의 차를 타고 떠난다. 에르네스트와 그의 부인은 집 앞에 서서 떠나는 우리를 바라본다. 나는 그들에게서 설명할 수 없는 고독의 아우라로 둘러싸인, 불안하게 결합된 커플 같은 느낌을 받는다. "여섯 번째 식기 세트의 비밀을 이해하셨죠." 우리가 그들의 시선에서 벗어나자 알렉상드르가 말한다. "그 식기 세트는 그의 부인이 우리와 함께 있다는 환상을 에르네스트에게 줬어요."

자기 집과 세상

"나는 우리가 질식할 것 같다고 말한다. 서인도제도의 건강한 정치의 원칙은 창문을 여는 것이다. 신성한 공기, 신선한 공기." 1944년 세제르는 《트로피크》에 이같이 쓴다.

어느 방향을 향해 창문을 열까?

무엇보다도 우선 프랑스를 향해서 열어야 한다고 세제르는 말한다. 왜냐하면 프랑스는 혁명이고, 쉴셰르이기 때문이다. 프랑스는 또한 랭보이고 로트레아몽이며 브르통이다. 프랑스는 가장 위대한 사랑의 가치가 있는 문화이며 문학이다. 그다음에는 절단되고 몰수된 아프리카의 과거를 향해 창문을 열어야 한다. 아프리카는 매장된 마르티니크의 개성의 본질을 은닉하고 있다.

다음 세대는 마르티니크의 아메리카적 특성을 강조하면서, 세제르의 이러한 프랑스-아프리카 지향성을 자주 반박하게 된다. 그들은 (모든 피부색의 선택 폭과 특정 언어를 경험하는) 마르티니크의 '서인도 식민지적 특성'을 강조하게 되며, 또한 마르티니크가 서인도제도와 라틴 아메리카와 갖는 관계를 강조하게 된다.

왜냐하면 모든 민족은 자신을 찾는 과정에서, 자기 집과 세상 사이의 중간 경계가 어디에 위치하는지를, 내가 중앙 배경이라고 부르는 것이 국가적 배경과 세계적 배경 사이 어느 곳에 위치하는지를 자문하기 때문이다. 칠레인에게 있어 그것은 라틴 아메리카이고, 스웨덴인에게 있어서는 스칸디나비아다. 분명하다. 하지만 오스트리아에게 있어서는? 그들에게 경계는 어디에 위치했는가? 게르만 세계 안인가? 아니면 다수 국가로 이루어진 중앙 유럽 안인가? 오스트리아의 존재와 관련된 모든 의미는 이러한 질문의 대답에 종속된다. 1918년 이후, 그리고 그보다 더 근본적으로는 1945년 이후 중앙 유럽의 배경에서 벗어난 오스트리아는 자기 자신을 향해 또는 자신의 게르만적 특성을 향해 움츠리며, 이때 오스트리아는 더 이상 프로이트나 말러의 빛나는 오스트리아가 아니다. 그것은 문화적 영향력이 현저하게 제한된 또 다른 오스트리아다. 그리스도 마찬가지 딜레마에 처했는데, 그리스는 (비잔틴 전통, 정교회, 러시아 선호 취향의) 동양적 유럽 세계와 (그리스-라틴 전통, 르네상스와의 긴밀한 관계, 모더니티의) 서양적 유럽 세계를 동시에 살고 있기 때문이다. 격렬한 논쟁에서는 오스트리아인들이나 그리스인들이 어느 한쪽으로의 지향성을 부정할 수 있겠지만, 조금 뒤로 물러서서 본다면 결국, 정체성이 이원성에 의해, 중앙 배경이 갖는 복합성에 의해 특징 지워지는 국가들이 있다고 말할 수 있으며, 이들 국가의 독창성이 존재하는 곳은 바로 그곳이다.

마르티니크에 대해서도 똑같이 말할 수 있다. 마르티니크 문화의 독창성을 만드는 것은 상이한 중앙 배경들의 공존이다. 마르티니크는 복합적인 교차점이다. 대륙들이 만나는 사거리고, 프랑스, 아프리카, 아메리카가 조우하는 끄트머리다.

그렇다, 그것은 아름답다. 프랑스, 아프리카, 아메리카가 특별한 관심을 갖지 않고 팽개친 것을 제외하고는 매우 아름답다. 오늘날은 작은 것들의 목소리는 잘 들리지 않는 세상이다.

마르티니크는 위대한 문화적 복합성과 위대한 고독의 만남이다.

언어

마르티니크에서 사용되는 언어는 두 가지다. 노예 제도 시대에 태어난 일상 언어인 크레올어가 있고, (과달루페, 기아나, 아이티에서와 마찬가지로) 학교에서 배우며, 지식층이 복수라도 하듯 완벽하게 구사하는 프랑스어가 있다.(세제르는 "오늘날 프랑스어를 구사하는 백인이 없기라도 하듯 프랑스어를 제대로 구사한다." 브르통의 말이다.)

1978년, 사람들이 세제르에게, 《트로피크》가 왜 크레올어로 쓰이지 않았느냐고 묻자, 그는 이렇게 대답한다. "의미 없는 질문이에요. 그런 잡지는 크레올어로는 상상할 수 없기 때문이죠. (……) 우리가 말하고자 하는 것이 크레올어로 표현될 수 있는지조차 나는 잘 모르겠어요. (……) 크레올어로는 추상적인 사상을 표현할 수 없고, (……그것은) 단지 구어예요."

그렇다 하더라도 일상 생활의 모든 현실을 포용하지 못하는 언어로 마르티니크의 소설을 쓴다는 것은 미묘한 작업이다. 거기서 선택적 해결이 나온다. 크레올어 소설. 프랑스어 소설. 페이지 하단에 설명을 붙인 크레올어 단어들로 풍요로워진 프랑스어 소설. 그리고 샤무아조의 해결책이 있다.

  샤무아조는 프랑스어에 대해 프랑스의 그 어떤 작가도 감히 상상조차 할 수 없는 자유를 누렸다. 그것은 브라질 작가가 포르투갈어에 대해서 갖는, 라틴 아메리카 작가가 스페인어에 대해서 갖는 자유에 비견된다. 또는 이중 언어 사용자가 자신이 사용하는 언어 가운데 하나에서 절대적 권위를 인정하는 것을 거부하면서 불복종의 용기를 갖는 자유라고 할 수도 있다. 샤무아조는 프랑스어와 크레올어 사이에서 타협하지 않았다. 그의 언어는 비록 변형되긴 했지만 프랑스어다. 그 변형은 크레올어화한 것이 아니라 (그 어떤 마르티니크인도 그렇게 말하지 않는다.) 샤무아조 식으로 이루어진 것이다. 그는 구어의 매력적인 무사태평함, 리듬, 멜로디를 프랑스어에 부여한다. 그는 수많은 크레올어 표현을 프랑스어에 가져오기도 한다. (지방색을 도입하기 위한) '자연주의적' 이유 때문이 아니라 (익살스러움, 매력, 의미론적 대체불가능 같은) 미학적 이유 때문이다. 그는 특히 그 자신의 프랑스어에 비일상적이고 경쾌하며 '불가능한' 어법의 자유를 주었는데, 그것은 신조어의 자유다.(이 자유는 매우 규범적인 프랑스어가 다른 언어들에 비해서 잘 향유하지 못하는 것이기도 하다.) 아주 쉽게 그는 형용사를 명사로(maximalité(최대성), aveuglage(맹목적성)), 동사를 형용사로(éviteux(회피적인)), 형용사를 부사로(malement(나쁘게), inattendument(예기치 못하게, "이 단어는 이미 세제르가 『귀환 노트』에서 정당화했다."라고 샤무아조는 주장한다.)), 동사를 명사로(égorgette(참수하기), raterie(불발), émerveille(경탄), disparaisseur(사라진 사람)), 명사를 동사로(horloger(시계를 만들다), riviérer(강이 흐르다)) 변형시킨다. 그리고 이 모든 위반은 프랑스어의 어휘적 또는 문법적 풍요로움을 축소하는 결과를 가져오지 않는다.(교과서적이거나 고풍스러운 단어들이 부족한 것도 아니고 접속법 반과거가 부족하지도 않다.)

세기를 넘어선 만남

얼핏 보기에 『훌륭한 솔리보』는 대중적인 한 이야기꾼이 쓴 이국적이고 지역적이며, 작중인물에 초점이 맞추어지고, 다른 곳에서는 상상할 수 없는 소설로 보일 수도 있다. 잘못이다. 샤무아조의 이 소설은 문화사에서 가장 큰 사건들 가운데 하나를 다룬다. 끝나 가는 구술 문학과 태어나는 기술(記述) 문학의 만남이다. 유럽에서는 이러한 만남이 보카치오의 『데카메론』에서 이루어졌다. 동석한 사람들을 즐겁게 해 주던 이야기꾼들의 연행, 그때까지도 살아 있던 이 이야기꾼들의 연행이 없었다면, 이 유럽 최초의 위대한 산문 작품은 존재하지 않았을 것이다. 그 뒤를 이어 18세기까지, 라블레에서 로렌스 스턴까지 이야기꾼의 목소리는 소설에서 끊임없이 메아리쳤다. 작가는 글을 쓰면서 독자에게 말을 하고, 호소하고, 욕하고,

아첨하곤 했다. 이에 대한 응답으로 독자는 글을 읽으면서 소설 속 저자의 말을 듣곤 했다. 19세기 초반에 이 모든 것이 변한다. 내가 소설사의 '2기'*라고 부르는 시기가 시작되는 때다. 저자의 말이 글 뒤로 사라지는 것이다.

"이 말은 엑토르 비앙치오티, 당신을 위한 것입니다.』『훌륭한 솔리보』의 첫머리에 있는 헌사는 이렇다. 샤무아조는 글이 아니라 말이라는 점을 강조한다. 그는 자기 자신을 이야기꾼들의 직접적인 상속자로 생각하며, 작가가 아니라 '말의 기록자'로 규정한다. 초국가적 문화사 지도 위에서 그는 큰 소리로 발성된 말이 기술의 문학으로 바통을 넘겨 주는 지점에 자신이 위치하기를 원한다. 그의 소설에서 솔리보라고 불리는 상상의 이야기꾼이 그에게 말한다. "나는 말을 하고 있었지만, 너는 너 자신이 말에서 왔음을 공지하면서 글을 쓴다." 샤무아조는 말에서 온 작가다.

하지만 세제르가 미츠키에비치가 아닌 것처럼, 샤무아조는 보카치오가 아니다. 그는 현대 소설의 정묘함을 모두 갖고 있는 작가이며, 그는 그런 작가로서 (조이스나 브로흐의 손자로서) 솔리보에게, 그리고 문학의 구술 선사 시대에 손을 내미는 것

---

* (원주) '1기'와 '2기'. 나는 소설의 (그리고 음악의) 역사와 관련된 (전적으로 개인적인) 이 시대 구분을 『배반당한 유언들』에서, 특히 「스트라빈스키에게 바치는 즉흥시」에서 언급한다. 아주 간략하게 말하자면, 소설사의 1기는 내가 보기에 18세기 말과 합류된다. 19세기에는 사실임 직함의 규칙에 더욱 충실한 새로운 소설 미학이 시작된다. 이러한 '2기'의 도그마에서 해방된 소설의 현대성을, (순전히 내 개인 생각인) 이 시대 구분을 받아들인다면, '3기'라고 부를 수 있을 것이다……

이다.『훌륭한 솔리보』는 그래서 세기를 넘어서는 만남이다. "너는 간격을 뛰어넘어 내게 손을 내민다."라고 솔리보가 샤무아조에게 말한다.

『훌륭한 솔리보』의 이야기는 이렇다. 포르드프랑스의 사반이라는 광장에서 솔리보가 우연히 그 자리에 모인 대중 몇몇을 앞에 두고 이야기한다.(샤무아조도 이 대중 가운데 한 명이다.) 솔리보는 담화 중에 죽는다. 늙은 흑인 콩고는 그 이유를 안다. 그는 말에 목이 잘려 죽은 것이다. 경찰은 이러한 설명을 수긍하지 못하고 즉각 사건을 접수하여 살인범을 찾으려고 애쓴다. 악몽 같을 정도로 잔인한 심문이 이어지고, 심문 과정에서 죽은 이야기꾼의 모습이 우리 앞에 그려지며, 두 용의자가 고문으로 죽는다. 결국 사체 부검이 이루어지고 일체의 살인 가능성이 배제된다. 솔리보는 설명되지 않는 방식으로 죽은 것이다. 어쩌면 정말 말에 목이 잘려 죽은 것인지도 모른다.

책의 마지막 쪽에서 저자는 솔리보의 담화를 출판한다. 솔리보가 말하다 도중에 죽은 그 담화다. 한 편의 진정한 시(詩)인 이 상상의 담화는 구술성 미학에의 입문서다. 솔리보가 이야기하는 것은 역사가 아니라, 말이고 상상력이며 말장난이고 농담이다. 그것은 즉흥적이고, (초현실주의자들의 '자동기술법'이 있는 것처럼) 자동적 말이다. 그리고 그것이 말과 관계되기에, 즉 '쓰기 이전의 언어'와 관계되기에, 쓰기 규칙들은 여기서 영향력을 발휘하지 못한다. 그래서 문장부호가 없다. 솔리보의 담화는 마침표, 쉼표, 문단이 없는 하나의 흐름이며, 『율리시스』 마지막 부분에 등장하는 몰리의 긴 독백과 같다.(역사의 어떤 시점에서 민중 예술과 현대 예술이 서로 손을 내밀 수 있는 것을 보여 주는 또 하나의 예다.)

라블레, 카프카, 샤무아조에게 있어서의 사실임 직하지 않음

샤무아조의 작품에서 가장 내 마음에 드는 것은 사실임 직함과 사실임 직하지 않음 사이에서 진동하는 그의 상상력이다. 나는 그 상상력이 어디에서부터 기인하는지, 그 뿌리가 어디인지 궁금하다.

초현실주의일까? 초현실주의자들의 상상력은 특히 시와 회화에서 발전했다. 반면에 샤무아조는 소설가, 오로지 소설가일 뿐이다.

카프카일까? 그럴 수 있다. 카프카는 소설 예술에 있어서 사실임 직하지 않음을 정당화했다. 하지만 샤무아조의 작품에서의 상상력의 성격은 거의 카프카적이지 않다.

"자리를 같이한 신사, 숙녀 여러분." 샤무아조의 첫 번째 소설 『일곱 가지 비참함에 대한 연대기』는 이렇게 시작된다. 그는 『훌륭한 솔리보』의 독자들을 향해 여러 차례 "오, 친구들이여."라고 반복해서 말한다. 이것은 "매우 고명하신 술꾼님들, 그리고 고귀하신 천연두 환자 여러분들······."이라는 돈호법으로 『가르강튀아』를 시작하는 라블레를 연상시킨다. 독자에게 이렇게 큰 소리로 말하는 사람, 문장 하나하나에 자신의 정신, 기질, 자랑을 부여하는 사람은, 아주 쉽게 과장할 수 있고 신비화할 수 있으며 사실적인 것에서 불가능한 것으로 이행할 수 있다. 이야기꾼의 목소리가 인쇄된 글자 뒤로 아직 완전히 사라지지 않았던 소설사 '1기' 시대에 소설가와 독자 사이에 맺어진 계약이 그러하기 때문이다.

카프카와 더불어 우리는 소설사의 또 다른 시대로 들어간다. 카프카에게 있어 사실임 직하지 않음은 묘사로 지지된다. 카프카의 묘사는 완벽하게 몰개성적이고, 환기성이 어찌나 강한지 독자는 마치 영화 같은 상상 세계 속으로 이끌린다. 비록 우리 경험과 닮은 것은 아무것도 없지만, 묘사의 힘은 모든 것을 믿을 수 있게 만든다. 이러한 미학의 경우, 말하고 농담하고 논평하고 자신을 드러내는 이야기꾼의 목소리는 환상을 깰 것이며, 마법의 매력을 무력화할 것이다. "이 자리에 모인 신사, 숙녀 여러분……."이라고 독자를 향해 흥겹게 말을 하면서 카프카가 자신의 소설 『성』을 시작한다는 것은 상상이 불가능하다.

반면 라블레에게 있어서는 사실임 직하지 않음이 이야기꾼의 무례할 정도의 거침없음에 기인한다. 파뉘르주가 한 부인을 유혹하지만, 그녀는 그를 거부한다. 복수하기 위해 그는 발정 난 암캐의 생식기 조각들을 그녀 옷에 흩뿌린다. 도시 개들이 모두 그녀에게 달려들어 뒤를 쫓으며, 그녀의 드레스와 다리, 등에 오줌을 싸고, 그녀 집에 도착해서는 현관문 앞에 오줌을 싼다. 개들이 오줌을 얼마나 쌌는지 오줌이 거리를 마치 시냇물처럼 흘러 내려가고, 거기에서 오리들이 헤엄칠 정도가 된다.

솔리보의 시신이 땅에 뉘어 있다. 경찰이 시신을 영안실로 옮기려 한다. 하지만 아무도 그 시신을 들어 올릴 수 없다. "솔리보는 인생을 질투하는 흑인들의 시신처럼 1톤 무게가 나가기 시작했다." 사람들이 도움을 청하자 솔리보의 무게는 2톤, 5톤이 된다. 사람들이 크레인을 부른다. 크레인이 도착하자 솔리보는 무게를 잃기 시작한다. 경사가 "손가락 끝으로" 그를 지탱하여 들어 올렸다. "마침내 경사는 천천히 작업에 돌입하고, 그 작업의 음산함이 모든 사람들을 매혹했다. 그는 손목을 가볍게 비틀면서 시신을 새끼손가락에서 엄지로, 엄지에서 검지로, 검지에서 중지로 옮겼다……."

오, 이 자리에 모인 신사, 숙녀 여러분, 오, 매우 고명하신 술꾼님들, 오, 매우 고귀하신 천연두 환자님들, 샤무아조와 더불어 여러분들은 카프카보다는 라블레에 더 가까이 있는 셈입니다.

달처럼 혼자

브를뢰르의 모든 그림에서 달은 초승달이고, 수평으로 놓였으며, 뾰족한 두 끝은 위를 향한다. 마치 밤의 물결 위에 떠 있는 곤돌라 같다. 화가의 상상력이 아니라, 마르티니크의 달이 실제 그렇다. 유럽에서는 초승달이 서 있다. 호전적이며, 웅크리고 앉아 뛰어 오를 준비가 된 사나운 작은 동물 같거나,

아니면 완벽하게 날이 선 낫 같다고도 할 수 있다. 유럽의 달, 그것은 전쟁의 달이다. 마르티니크에서는 달이 평화적이다. 그것은 에르네스트가 달에게 따뜻한 금빛 색을 부여한 이유일 수 있다. 그의 신화적인 그림에서 달은 도달할 수 없는 행복을 재현한다.

  희한하다. 그것에 대해 몇몇 마르티니크인과 이야기하면서, 그들이 하늘의 달이 구체적으로 어떤 모양인지 모른다는 사실을 확인한다. 나는 유럽인들에게 묻는다. 유럽의 달을 기억하십니까? 달이 뜰 때의 형태는 어떠하고, 달이 질 때의 형태는 어떻습니까? 그들은 알지 못한다. 사람들은 더 이상 하늘을 쳐다보지 않는다.

  달은 버림받아 브를뢰르의 그림 속에 내려왔다. 하지만 더 이상 하늘에 떠 있는 달을 보지 않는 사람들은 그림 속 달 또한 이제 보지 않을 것이다. 에르네스트, 자네는 이제 혼자야. 바다 한가운데 있는 마르티니크처럼 혼자고. 공산주의라는 수도원 안 드페스트르의 욕망처럼 혼자고. 여행객들의 멍청한 시선 아래 반 고흐의 그림처럼 혼자고. 아무도 보지 않는 달처럼 혼자고.

1991년

6부　　　　다른 곳에서

베라 린하르토바가 말하는 해방 망명

베라 린하르토바는 1960년대에 체코슬로바키아에서 가장 존경받던 작가들 가운데 한 명이며, 명상적이고 연금술적이며 분류할 수 없는 산문을 쓴 여성 시인이다. 1968년 사건 후에 고국을 떠나 파리로 간 그녀는 프랑스어로 작품을 써서 출판하기 시작했다. 혼자 있기를 좋아하는 성격으로 유명한 그녀가 1990년대 초에 프라하의 프랑스 연구소의 초대를 수락하고, 망명 문제를 주제로 한 세미나에서 발제를 맡음으로써 친구들 모두를 놀라게 했다. 이 주제에 대해서 나는 그녀의 발표문보다 더 비순응주의적이고 더 통찰력 있는 글을 읽은 적이 없다.

지난 반세기는 모든 사람들을 고국에서 추방된 자들의 운명에 극도로 민감하게 만들었다. 이러한 동정적인 감수성은 눈물을 쥐어짜는 도덕주의로 망명의 문제에 혼란을 초래했으며, 피추방자의 삶의 구체적인 성격을 은폐했다. 린하르토바에 의하면, 피추방자는 종종 자신의 추방을 "모든 가능성이 열려 있는 다른 곳, 원래 알려지지 않은 다른 곳을 향한" 해방의 출발로 변형할 수 있다고 한다. 당연히 그녀의 말이 천 번 만 번 옳다! 그렇지 않다면, 외국으로 이주한 위대한 예술가들 가운데 공산주의의 종언 후에 서둘러서 고국으로 돌아간 사람이 거의 없다는, 겉으로 보기에 충격적인 이 사실을 어떻게 이해할 수 있을 것인가? 어떻게? 공산주의의 종언은 그들이 모국에서 위대한 귀환의 향연을 축하하도록 부추기지 않았던 것인가? 그리고 비록, 대중은 실망하겠지만, 귀환이 그들이 바라는 것은 아니더라도, 윤리적인 의무는 되어야 하는 것이 아닌가? 린하르토바는 말한다. "작가는 무엇보다도 자유로운 인간이며, 작가가 일체의 구속에 대해 자신의 독립을 보전하는 의무는 그 어떤 다른 고려 사항보다도 우선한다. 그리고 나는 남용되는 권력이 강요하려고 애쓰는 몰상식한 구속에 대해서는 이제 더 이상 말하지 않는다. 내가 말하고자 하는 것은 국가를 향해 의무감에 호소하는 — 의도적이기에 그만큼 더 피하기 어려운 — 제약들에 관한 것이다." 아닌 게 아니라 사람들은 인간의 권리에 대한 상투적 표현을 되새기고, 그와 동시에 개인을 국가 소유로 간주하기를 고집한다.

린하르토바는 거기서 더 나간다. "나는 내가 살고 싶었던 장소를 선택했고, 뿐만 아니라 내가 말하고 싶은 언어도 선택했다." 사람들은 그녀에 대해 이렇게 반박할 것이다. 비록 자유인이지만 작가는 자기 언어의 수호자가 아닌가? 작가의 사명이 지닌 의미 자체가 그런 것 아닌가? 그녀가 말한다. "사람들은 종종 작가는 자신의 행동으로부터 그 누구보다도 덜 자유롭다고 주장한다. 작가는 끊을 수 없는 관계에 의해 자신의 언어에 매여 있기 때문이다. 나는 이것 또한 소심한 사람들에게 변명이 되는 그런 신화들 중에 하나와 관계된다고 믿는다." 왜냐하면 "작가는 단 한 언어의 포로가 아니기 때문이다." 위대한 해방의 문장이다. 짧은 인생만이 작가가 자유에의 이러한 초대에서 일체의 결론을 도출하는 일을 방해한다.

  린하르토바는 말한다. "내 호감은 유목민들을 향하며 나는 정착민의 영혼을 느끼지 못한다. 또한 내겐 내 망명이 아주 오래전부터 나의 가장 소중한 소원이었던 것을 충족시켰다고 말할 권리가 있다. 그 소원은 다른 곳에서 사는 것이다." 린하르토바가 프랑스어로 글을 쓸 때, 그는 여전히 체코 작가일까? 아니다. 그녀는 그러면 프랑스 작가가 된 것인가? 그것도 아니다. 그녀는 다른 곳에 있다. 과거에 쇼팽이 그랬던 것처럼 다른 곳에, 그 후에 나보코프, 베케트, 스트라빈스키, 곰브로비치가 각각 나름대로 그랬던 것처럼 다른 곳에 있다. 물론 각자 모방할 수 없는 자신만의 방식으로 망명 생활을 하며, 린하르토바의 경험은 하나의 극단적인 예다. 그래도 어쨌든 그녀의 근본적이고 통찰력 있는 텍스트가 나온 후에 사람들은 망명에 대해서 지금까지 말했던 것처럼 말할 수는 없다.

한 이방인의 건드릴 수 없는 고독
오스카라스 밀라시우스

1

내가 처음으로 오스카라스 밀라시우스라는 이름을 본 것은 전쟁이 끝나고 몇 달 뒤 발행된 한 아방가르드 잡지에 게재된 그의 「11월의 교향곡」 체코어 번역판 제목 아래에서다. 열일곱 살이었던 나는 그 잡지의 열렬한 애독자였다. 내가 그 시에 얼마나 매료되었는지는 삼십여 년 후 프랑스에서 처음으로 밀라시우스의 프랑스어 원본 시집을 펼칠 수 있었을 때 확인되었다. 나는 곧바로 「11월의 교향곡」을 발견했으며, 그 시를 읽으며 단 하나의 단어도 잊지 않은 이 시의 (훌륭한) 체코어 번역판을 기억 속에서 들었다. 밀라시우스 시의 체코어 번역판은 내게 아주 깊은 흔적을, 어쩌면 당시 내가 탐독하던 아폴리네르나 랭보 또는 네르발이나 데스노스의 시보다도 더 깊은 흔적을 내게 남겼다. 의심할 여지없이 이 시인들은 시의 아름다움뿐 아니라 그 신성한 이름들을 둘러싼 신화로 나를 매혹했고, 그 신성한 이름들은 내 지지자들, 현대 작가들, 전문가들에게 나를 알리는 패스워드로 유용하게 사용되곤 했다. 하지만 밀라시우스 주위에는 그 어떤 신화도 없었다. 전혀 알려지지 않은 그의 이름은 내게 아무것도 말해 주지 않았고, 내 주위에 있는 사람 그 누구에게 그 어떤 말도 하지 않았다. 그의 경우 나는 신화에 의해서가 아니라, 외부의 그 어떤 지지도 없이 스스로 효험을 발생시키는 단독적이고 발가벗은 아름다움에 의해 매혹되었던 것이다. 솔직해지자. 이런 일은 정말 드물게 일어난다.

2

그런데 무엇 때문에 바로 이 시인가? 본질적인 것은, 내 생각에, 다른 그 어느 곳에서도 내가 만나지 못했던 어떤 것의 발견에 있었다. 그것은 문법적으로 과거가 아니라 미래에 의해서 표현되는 향수의 한 형태의 원형의 발견이다. 향수의 문법적 미래. 그것은 눈물에 젖은 과거를 먼 미래에 투영하는 문법적 형태다. 그것은 더 이상 존재하지 않는 것에 대한 우울한 환기를 실현 불가능한 약속의 애절한 슬픔으로 변형하는 문법적 형태다.

아름다운 슬픔, 그대는 창백한 보라색을 입을 것이다!
그리고 그대 모자의 꽃들은 슬프고 작을 것이다

3

　코메디 프랑세즈에서 공연된 라신의 한 작품이 생각난다. 대사를 자연스럽게 하기 위해 배우들이 마치 산문처럼 발음했다. 그들은 각 행 마지막 휴지(休止)를 모두 지웠다. 12음절 시의 리듬을 알아볼 수도 없었고 운(韻)도 들을 수가 없었다. 아마도 그들은 오래전에 음률과 운을 포기한 현대 시 정신과 조화를 이루게 행동한다고 생각했는지도 모른다. 하지만 자유시는 탄생될 때 시를 산문화하려고 하지 않았다. 자유시는 더 자연스럽고 더 풍부한 또 다른 음악성을 발견하기 위해 운율의 갑옷을 치워 버리기를 원했던 것이다. 자신들의 시를 낭송하는 위대한 (프랑스의 그리고 체코의) 초현실주의 시인들의 노래하는 목소리를 나는 영원히 내 귀에 간직할 것이다. 12음절시의 시구와 마찬가지로 자유시의 한 행 또한 휴지로 끝나는 연속된 하나의 음악적 단위다. 이 휴지는 12음절시나 자유시를 막론하고, 비록 그것이 문장의 문법적 논리와 모순될지라도, 들리게 해야 한다. 행 걸치기의 선율적 정묘함(선율적 도발)이 있는 곳이 바로 통사론을 깨는 이 휴지이다. 밀라시우스의「교향곡들」의 고통스러운 선율은 행 걸치기의 연쇄에 기초한다. 밀라시우스에게 있어 행 걸치기, 그것은 다음 행의 처음에 오게 될 단어 앞에서 놀라는 짧은 침묵이다.

> 그리고 어두운 오솔길이 그곳에 있을 것이다, 흠뻑 젖은 채
> 폭포의 메아리로 인해. 그리고 나는 그대에게 말할 것이다
> 물 위의 도시와 바하라흐의 랍비에 대해서
> 그리고 피렌체의 밤들에 대해서. 또한 있을 것이다

4

1949년 앙드레 지드는 갈리마르 출판사를 위해 프랑스 시 선집을 만들었다. 그는 서문에 이렇게 쓴다. "밀라시우스에 대해 아무것도 하지 않았다고 X가 나를 비난한다. (……) 잊은 것일까? 그렇지 않다. 내가 보기에 특별히 언급될 만한 가치를 전혀 찾지 못했기 때문이다. 다시 말하지만 내 선택은 역사적인 것과는 아무 상관이 없고, 단지 시의 질만이 내 결정에 영향을 미친다." 지드의 오만함에는 상식적인 측면도 있었다. 오스카라스 밀라시우스는 그 선집과 아무 관련이 없다. 그의 시는 프랑스적이지 않다. 그는 폴란드-리투아니아적인 모든 근원을 간직한 채 마치 샤르트르회의 수도원으로 피난을 가듯 프랑스 언어 안으로 망명했다. 그러니 지드의 거부를, 한 이방인의, 한 절대적인 이방인의 건드릴 수 없는 고독을 보호하는 고귀한 방식으로 간주하자.

내밀함과 우정

러시아가 나라를 점령하고 있었던 1970년대 초 어느 날, 직장에서 쫓겨나고 건강이 좋지 않았던 아내와 나 우리 두 사람은 프라하 교외에 있는 어떤 병원으로 한 유명한 의사를 보러 갔다. 모든 반체제인사들의 친구였던 그 의사는 우리가 슈마헬 교수라고 부르던 호칭에 걸맞게 현명한 유대계 노인이었다. 우리는 그곳에서 E라는 기자를 만났는데, 그 기자 또한 여기저기에서 쫓겨난 상태였고, 역시 건강이 좋지 않았다. 우리 네 사람은 서로 친근함을 느끼는 분위기에 만족해서 오랫동안 이야기를 나누었다.

돌아오는 길에 E는 우리를 자기 차에 태워 주었는데, 그는 당시 체코에서 가장 위대한 생존 작가였던 보후밀 흐라발에 대해서 이야기하기 시작했다. 끝없는 상상력으로 서민 경험에 심취한(그의 소설은 지극히 평범한 사람들로 가득 차 있다.) 흐라발은 정말 많이 읽히고 정말 사랑받던 작가였다.(체코의 젊은 영화 세대는 그가 마치 수호성인인 양 그를 찬양했다.) 그는 마음속 깊이 정치에 무관심했다. 그것은 '모든 것이 정치적이었던' 체제에서 순진한 태도는 아니었다. 그의 정치적 무관심은 이데올로기들이 창궐하는 세상을 조롱하곤 했다. 그가 상대적으로 인기를 잃은 상태에 오랫동안 빠진 것도 바로 이 때문이지만(일체의 공식적인 사회 참여에 있어서 그는 무용했다.) 러시아 점령 하에서 사람들이 그를 평화롭게 내버려두어 그가 이렇게 저렇게 책 몇 권을 출간할 수 있었던 것 또한 마찬가지로 이 정치적 무관심 덕택이다.

E는 그에 대해 맹렬하게 욕을 퍼부었다. 동료들의 책이 출판금지 된 마당에 그는 어떻게 자기 책의 출간을 받아들일 수 있는가? 그가 어떻게 이런 식으로 체제를 지지할 수 있는가? 단 한 마디 이의도 제기하지 않고? 흐라발의 행동은 역겨우며, 그는 친러파다.

나도 그 못지않게 맹렬하게 반박했다. 흐라발의 책들에 담긴 정신, 유머, 상상력이, 우리를 지배하고 정신병자의 구속복처럼 우리를 숨 막히게 하는 정신 상태와 정반대라고 해서 친러파 운운하는 것은 얼마나 부당한 일인가? 흐라발을 읽을 수 있는 세상은 그의 목소리를 들을 수 없는 세상과 완전히 다른 세상이다. 반대의 몸짓과 선언으로 우리 모두가 할 수 있는 것보다 흐라발의 책 단 한 권이 사람들에게, 그리고 그들의 정신 자유에 더 큰 기여를 하는 것 아닌가! 차 안에서의 토론은 금방 증오 어린 논쟁으로 변질되었다.

그 점에 대해 나중에 다시 생각이 미쳤을 때, 이러한 (진심에서 나오는, 그리고 완벽하게 상호적인) 증오에 놀라 나는 이렇게 생각했다. 의사 집에서 우리 사이의 화합은 일시적이었고, 우리를 박해받은 사람으로 만든 역사적 상황에 기인한 것이었다. 반면 우리 사이의 불화는 근본적인 것이었으며, 상황과 무관했다. 그것은 정치적 투쟁이 구체적인 삶, 예술, 사상보다 우위에 있는 사람들과, 정치의 의미가 구체적인 삶, 예술, 사상에 봉사하는 사람들 사이의 불화였다. 이 두 가지 태도는 아마 모두 정당하겠지만, 서로 양립할 수는 없는 것이다.

1968년 가을, 파리에서 이 주일을 보낼 수 있었던 나는 바렌 거리에 있는 아라공의 아파트에서 그와 오랫동안 말할 수 있는 기회를 두세 번 갖게 되었다. 아니, 말했다기보다는 내가 주로 그의 말을 들은 편이었다. 나는 한 번도 일기를 써 본 적이 없기에 기억이 어렴풋하다. 그의 말 가운데 두 가지 주제만이 기억나는데, 그 후 자주 머리에 떠오르던 것이었다. 그는 말년에 자신과 가까운 사이가 되는 앙드레 브르통에 대해서 내게 많은 이야기를 했다. 그리고 그는 소설 예술에 대해서도 말을 했다. (우리가 만나기 한 달 전에 쓰인) 『농담』의 서문에서도 그는 소설에 대해 "소설은 빵과 마찬가지로 인간에게 있어서 없어서는 안 되는 것이다."라고 찬사를 했다. 나와 만나는 동안 그는 여전히 내가 '이 예술'을 옹호하도록 부추겼다.(그가 서문에 썼듯 이 "비난받는" 예술을 나는 『소설의 기술』 중 한 장의 제목으로 붙였다.)

나는 그와의 만남을 통해서, 그가 초현실주의자들과 결별한 가장 근본적인 원인이 (공산당에의 복종이라는) 정치적인 것이 아니라 (소설에 대한 변함없는 사랑, 즉 초현실주의자들에 의해 '비난받는' 예술에 대한 변함없는 사랑이라는) 미학적인 것이라는 인상을 받았으며, 그의 삶을 구성하는 이중 극을 짐작할 수 있을 것 같았다. 그것은 (아마도 그의 천재성의 주된 영역인) 소설 예술에 대한 열정과 브르통과의 우정이다.(결산의 시대인 오늘날, 가장 고통스러운 상처는 깨진 우정이 입힌 상처임을, 그리고 정치를 위해 우정을 희생하는 것보다 더 어리석은 것은 없다는 것을 나는 안다. 나 자신이 그렇게 하지 않았다는 것에 나는 자부심을 갖는다. 나는 자신의 오랜 친구들에 대해 변함없는 사랑을 간직할 수 있었다는 것 때문에 미테랑에 감탄한다. 그가 말년에 그렇게 심하게 공격받았던 것은 바로 이 변함없는 사랑 때문이다. 그의 고결함은 바로 이 변함없는 사랑인 것이다.)

아라공과의 만남 후 칠 년쯤 지나서, 나는 에메 세제르를 알게 되었는데, 나는 그의 시를 전쟁 직후에 한 아방가르드 잡지(나에게 밀라시우스를 알게 해 준 바로 그 잡지)에서 체코어 번역판으로 읽어 본 적 있었다. 그와의 만남은 파리에 있는, 화가 위프레도 람의 아틀리에에서 이루어졌다. 젊고 활기차고 매력적인 에메 세제르는 내게 질문 세례를 퍼부었다. 맨 처음 질문은 "쿤데라 씨, 네즈발과 알고 지냈나요?"였다. "물론이죠. 그런데 당신은 그를 어떻게 알죠?" 그는 네즈발과 아는 사이가 아니었지만, 앙드레 브르통이 그에 대해 많은 이야기를 했었다. 내 선입견에 의하면, 비타협적인 사람으로 정평이 나 있는 브르통은, 몇 년 전 체코 초현실주의자들과 결별하고 (아라공과 거의 비슷하게) 당의 목소리에 복종하기로 한 비테즈슬라프 네즈발에 대해 나쁜 말만 했을 것 같았다. 그런데 세제르는 브르통이 1940년 마르티니크에 체류할 때 애정을 품고 네즈발에 대해서 말했다고 내게 되풀이했다. 나는 감동을 받았다. 아직도 기억이 생생한데, 네즈발 또한 브르통에 대해 늘 애정을 품고 말했기 때문에 더욱 그러했다.

스탈린주의식 재판에서 내가 가장 충격 받은 것은 공산주의 정치가들이 동료의 사형 집행을 받아들일 때 보이는 냉정한 동의다. 왜냐하면 그들은 모두 동료들이었으며, 그 말은 그러니까 그들은 서로 내밀한 것까지 잘 아는 사이였고, 이주, 박해, 오랜 정치적 투쟁의 어려운 시기를 함께 보낸 사이였기 때문이다. 그들은 죽음과 관련해서 어떻게 이렇게 결정적으로 자신들의 우정을 희생할 수 있었을까?

그런데 그것은 우정이었을까? '동지들 간 우정'이라고 할 수 있는 인간 관계가 존재하며, 이러한 관계를 표현하기 위해 체코어에는 soudruzstvi(soudruh, 동지)라는 단어가 있다. 동일한 정치적 투쟁을 영위하는 사람들을 결합시키는 호의다. 원인에 대한 공통 헌신이 사라질 때, 호의의 이유 또한 사라진다. 하지만 우정보다 우월한 이해 관계에 종속되는 우정은 우정과 아무 관계가 없다.

우리 시대에 사람들은 확신이라고 부르는 것에 우정을 종속시키는 것을 배웠다. 도덕적 정당성에 대한 자부심조차도 마찬가지다. 우리가 옹호하는 여론이 우리가 선호하는 가설에 불과하다는 것을, 필연적으로 불완전하고 대개 일시적인 가설에 불과하다는 것을, 그리고 아주 편협한 사람들만이 그것을 하나의 확신이나 진실로 통하게 할 수 있다는 것을 이해하기 위해서는 정말이지 대단한 원숙함이 필요하다. 어떤 확신에 대해 변함없이 가지는 유치한 사랑과 반대로, 한 사람의 동료에 대한 변함없는 사랑은 하나의 미덕이며, 아마도 유일한 마지막 미덕일 것이다.

하이데거 옆에 있는 르네 샤르의 사진을 바라본다. 한 사람은 독일 점령에 반대한 레지스탕스 활동으로 유명하다. 다른 한 사람은, 인생의 한 시기에, 당시 태동하던 나치즘에 대한 호의 때문에 비난을 받았다. 사진은 전쟁이 끝나고 몇 년 뒤에 촬영된 것이다. 그들은 등을 돌리고 있다. 머리에는 모자를 쓰고, 한 사람은 키가 크고, 한 사람은 키가 작으며, 같이 자연 속을 거닐고 있다. 나는 이 사진을 정말 좋아한다.

꿈을 뒤지는 초현실주의자들과
라블레에 대한 변함없는 사랑

다닐로 키시의 책, 오래된 그의 수상록을 뒤적거리는데, 마치 트로카데로 근처 한 선술집에 마주 앉아 그가 욕설이라도 퍼붓듯 크고 투박한 목소리로 내게 말을 하는 느낌을 받는다. 프랑스인이건 외국인이건 간에 1980년대에 파리에서 살았던 그 세대 모든 위대한 작가들 가운데 그는 가장 눈에 띄지 않는 사람이었다. 뉴스라고 불리는 여신이 그를 향해 빛을 비출 만한 그 어떤 이유도 그에게는 없었다. 그는 "나는 반체제인사가 아니다."라고 썼다. 하물며 그는 이주자도 아니었다. 그는 베오그라드와 파리를 자유롭게 여행하곤 했다. 그는 '중부 유럽의 침몰한 세계에서 온 사생(私生) 작가'에 불과했다. 침몰하긴 했지만 그 세계는 (1989년에 서거한) 다닐로가 살았던 시기에 유럽의 비극적 드라마가 압축된 곳이었다. 유고슬라비아는 나치에 대항해서 오랫동안 유혈의 (그리고 승리의) 전쟁을 치렀다. 특히 중앙 유럽 유대인들을 (그중에는 그의 아버지도 있었다.) 말살한 대학살. 공산주의 혁명과 곧바로 이어지는 스탈린과 스탈린주의와의 드라마틱한 (그리고 마찬가지로 승리의) 결별. 이러한 역사적 드라마에 얼마나 상처를 받았던지 다닐로는 절대로 정치를 위해 자신의 소설을 희생하지 않았다. 그렇기 때문에 그는 가장 애절한 것들을 포착할 수 있었다. 태어나면서부터 잊힌 운명들이나 성대가 제거된 비극들이다. 그는 오웰의 사상에 동의했지만, 세상의 모든 마오쩌둥주의자들이 하던 것과 똑같이 인간 삶을 단순한 정치적 차원으로 환원한 소설 『1984』를 그가 어떻게 좋아할 수 있었을까? 존재에 대한 압제에 항거해서 그는 라블레에게, 그의 익살스러움에, '무의식과 꿈을 뒤지는' 초현실주의자들에게 도움을 청한다. 그의 오래된 책을 뒤적이는데, 그의 크고 투박한 목소리가 들린다. "비용과 함께 시작된 프랑스문학의 장조(長調)는 불행히도 사라졌다." 그가 그것을 이해한 그 순간부터 그는 라블레에게, '꿈을 뒤지는' 초현실주의자들에게, 그리고 눈이 가려진 채 역시 소멸을 향해 나아가기 시작했던 유고슬라비아에 더욱 더 변함없는 애정을 품었다.

위대한 두 봄에 대해서
그리고 슈크보레츠키 부부에 대해서

1

1968년 9월, 러시아의 체코슬로바키아 침공이라는 비극에 큰 충격을 받은 내가 파리에 며칠 머무를 수 있었을 때, 요세프와 즈데나 슈크보레츠키도 같이 있었다. 공격적으로 우리에게 말을 건넸던 한 젊은 남자의 모습이 떠오른다. "정확하게 뭘 원하는 겁니까, 당신들 체코인들 말이에요? 사회주의가 벌써 싫증난 건가요?"

그때 우리는 프랑스 친구들 한 무리와 함께 오랫동안 토론을 했는데, 그 친구들은 파리의 봄과 체코의 봄에서 동일한 반항 정신으로 빛나는 유사한 사건들을 보고 있었다. 듣기에는 훨씬 더 기분이 좋았지만, 오해가 있었다.

파리의 1968년 5월은 예기치 않은 폭발이었다. 프라하의 봄은 1948년 이후 초기부터 스탈린 공포정치의 충격 속에 뿌리박힌 장기적인 과정의 결말이었다.

파리의 5월은 먼저 젊은이들의 주도로 야기되었으며 혁명적 서정주의가 깃들어 있었다. 프라하의 봄은 성인들의 포스트-혁명적인 회의주의에 영감을 받았다.

파리의 5월은 지루하고 공식적이며 경직화되어 보이는 유럽 문화에 대한 쾌활한 항의였다. 프라하의 봄은 이데올로기적인 우매함, 기독교와 마찬가지로 방종한 무신앙의 금지 그리고 당연하겠지만 모던 예술(나는 분명히 포스트모던이 아니라 모던이라고 말한다.)의 금지로 오랫동안 억눌렸던 그 동일한 문화에 대한 찬양이었다.

파리의 5월은 세계주의를 표방했다. 프라하의 봄은 한 작은 나라에 독창성과 독립을 되돌려주려고 했다.

'경이로운 우연'에 의해, 각기 다른 역사적 시대에서 온 비동기(非同期)적인 이 두 봄은 같은 해의 '해부대(解剖臺)'에서 조우했다.

2

프라하의 봄을 향한 여정의 시작은 내 기억 속에서 슈크보레츠키의 첫 번째 소설, 1956년에 출간되었고 공식적인 증오가 불꽃처럼 쏟아졌던 『겁쟁이들』로 표출된다. 문학의 한 중요한 출발점을 표명하던 이 소설은 한 역사의 한 중요한 출발점에 대해 말한다. 육 년 동안의 독일 점령 후 체코슬로바키아 공화국이 다시 태어나는 1945년 5월의 일주일이다. 그런데 그러한 증오는 무엇 때문인가? 소설이 그렇게도 도발적으로 반공산주의적이었을까? 전혀 그렇지 않다. 이 소설에서 슈크보레츠키는 (자신과 마찬가지로) 재즈에 미칠 듯이 열광하던 한 스무 살 청년이 독일 군대가 항복하고, 체코 레지스탕스가 서툴게 스스로를 모색하며, 러시아인들이 도착하던 전쟁 말기에 며칠 동안 소용돌이에 휩쓸리는 이야기를 한다. 그 어떤 반공산주의적인 것은 없지만, 깊이 뿌리박힌 비정치적인 태도는 있다. 자유롭고 가벼우며 무례할 정도로 이데올로기적이지 않은 태도다.

그리고 유머가, 뜬금없는 유머가 도처에 보인다. 이것은 내게 세상 사람들에겐 저마다 웃는 방식이 있다는 점을 상기시킨다. 베르톨트 브레히트에게 어떻게 유머의 의미에 대해 이의를 제기할 수 있을까? 그렇지만 『용감한 병사 슈베이크』를 개작한 그의 희곡은 그가 하셰크의 희극성을 전혀 이해하지 못했음을 증명한다. 슈크보레츠키의 유머는 (하셰크나 흐라발의 유머와 마찬가지로) 권력에서 멀리 떨어졌고, 권력을 갈망하지 않으며, 역사를 늙은 장님 마녀 정도로 치부하기에 그런 마녀의 도덕적 평결에 웃음을 터뜨리는 사람들의 유머다. 그리고 1960년대 새벽에 체코 문화의 위대한 (다른 한편으로는 위대하다고 부를 수 있는 마지막) 십 년이 시작된 것이 바로 이 비-근엄하고 반-도덕적이며 반-이데올로기적인 정신에서라는 사실을 나는 의미심장하게 생각한다.

3

아, 사랑하는 1960년대. 그때 나는 냉소적으로 말하는 것을 좋아했다. 이상적인 정치 체제, 그것은 붕괴 중인 독재다. 압제적인 기구는 점점 더 불완전한 방식으로 작동하지만 여전히 현재하면서 비판적이고 조롱 섞인 정신을 자극하기 때문이다. 1967년 여름, 작가 연맹의 과감한 회의에 분노해서, 그리고 뻔뻔스러움이 지나치게 나갔다는 판단 아래 국가 주인들은 자신들의 정치를 강화하려고 했다. 하지만 비판 정신은 이미 중앙위원회까지 전염되었고, 위원회는 1968년 1월 알렉산드르 둡체크라는 무명 인사에게 회의 주재를 맡기기로 결정했다. 프라하의 봄이 시작되었다. 나라는 만족했으며 러시아가 강요한 삶의 방식을 거부했다. 국경이 열렸으며 (조합, 연맹, 협회 등) 원래 당의 의사를 국민에게 전달하기로 했던 모든 사회 조직들이 독립했고, 예기치 않았던 민주주의의 예기치 않았던 도구로 변형되었다. 전혀 전례가 없었던 새로운 시스템이 (그 어떤 사전 계획 없이 거의 우연히) 태어났다. 경제는 100퍼센트 국유화되었고, 농업은 협동조합이 장악했으며, 지나치게 부자인 사람도 지나치게 가난한 사람도 없었고, 교육과 의료는 무상이었다. 뿐만 아니라 비밀 경찰 권력의 종말, 정치적 박해의 종말, 검열 없이 글을 쓸 수 있는 자유, 그리고 그에 따른 문학, 예술, 사상, 잡지의 개화가 이루어졌다. 이 시스템의 미래에 대한 전망이 어떠했는지 나는 모른다. 현재의 지정학적 상황에서는 확실히 별것 아니다. 하지만 다른 지정학적 상황에서는? 아무도 모르는 일이다……. 어쨌든 이러한 시스템이 존재했던 그 순간, 그 순간만은 훌륭했다.

(1970년에 완성된) 『보헤미아의 기적』에서 슈크보레츠키는 1948년부터 1968년까지의 전 시대를 이야기한다. 놀라운 사실은 그가 권력의 어리석음뿐 아니라 반체제인사들과, 프라하의 봄의 무대에 자리 잡은 그 인사들의 거만한 몸짓에 대해서도 회의적인 시선을 보낸다는 것이다. 체코슬로바키아에서 침공의 대재앙이 일어난 후 이 책이, 슈크보레츠키의 다른 작품들과 마찬가지로 단지 금지되었을 뿐 아니라, 도덕주의 바이러스에 감염되어 시의적절하지 않은 시선의 자유, 시의적절하지 않은 아이러니의 자유를 참지 못하던 야당 사람들에게 사랑받지 못했던 것은 바로 이러한 사실 때문이다.

4

1968년 9월 파리에서 슈크보레츠키 부부와 내가 프랑스 친구들과 함께 우리의 두 가지 봄에 대해서 토론을 벌였을 때, 우리에게 근심이 없었던 것은 아니다. 나는 프라하로 되돌아가기가 힘들다는 점에 대해서 생각하고 있었고, 슈크보레츠키 부부는 토론토로의 이주가 힘들다는 것을 생각하고 있었다. 미국 문학과 재즈에 대해 요세프가 품은 열정은 토론토의 이주 결정을 용이하게 했다.(마치 유년 시절부터 누구나 자신만의 가능한 망명지를 마음속에 간직했던 것처럼, 내게는 프랑스였고 그들에게는 북아메리카였다.) 하지만 그들의 세계주의가 비록 컸어도 슈크보레츠키 부부는 애국자였다. 아, 유럽단일화주의자들이 이끄는 무도회의 시대인 지금은 '애국자' 대신 (경멸스럽게) '민족주의자'라고 말해야 한다는 것을 나는 안다. 하지만 용서하시라, 그 침울했던 시대에 우리가 어떻게 애국자가 되지 않을 수 있었겠는가? 슈크보레츠키 부부는 토론토의 한 작은 집에서 살고 있었고, 그 집의 방 한 칸을 고국에서 금지된 체코 작가들의 작품을 출판하는 용도로 사용했다. 그때 그것보다 더 중요한 것은 아무것도 없었다. 체코라는 국가는 군사적 정복 덕분에 (여러 번) 태어난 것이 아니라 항상 문학 덕분에 태어났다. 나는 정치적 무기로서의 문학을 말하는 것이 아니다. 문학으로서의 문학에 대해 말하는 것이다. 그 어떤 정치적 기관도 슈크보레츠키 부부에게 자금을 지원하지 않았고, 그들은 출판인으로서 자신들만의 힘과 자신들만의 희생 외에 달리 의지할 것이 없었다. 나는 이 사실을 절대로 잊지 않을 것이다. 나는 파리에 살았고, 내게 있어서 내 고국에 대한 마음은 토론토에 있는 셈이었다. 러시아에 의한 점령이 끝나자, 더 이상 체코의 책을 외국에서 출판할 아무런 이유가 없었다. 그때부터 즈데나와 요세프는 이따금씩 프라하를 방문하지만, 늘 자신들의 고향으로 되돌아와 산다. 오래된 망명의 고향 말이다.

그대는 아래에서부터 장미 향을 맡을 것이다
마지막으로 에르네스트 브를뢰르 집에 갔을 때

　우리는 늘 그러하듯 흑설탕을 곁들인 화이트 럼을 마시고 있었고, 캔버스들이, 몇 년 동안 작업한 많은 캔버스들이 바닥에 놓여 있었다. 하지만 그날은 벽에 기대어 세워진 새로운 몇몇 그림들이 유별나게 내 주의를 끌었는데, 처음 보는 것들이었으며, 흰색이 주조를 이루어 예전 작품들과 구분되었다. 내가 물었다. "여전히 여기저기 널린 죽음인가요?" "그렇죠." 그가 대답했다.
　예전 그림들은 머리 없는 나신들이 맴돌고 아래에서는 끝없는 밤의 공간에서 작은 개들이 슬피 우는 식이었다. 이 밤의 그림들, 나는 그 그림들이, 유일하게 자유로운 삶의 순간이라고는 밤뿐이었던 노예의 과거에서 영감을 받은 것이라고 믿었다. "결국 당신의 빈 캔버스를 떠난 건가요, 밤이 말이에요?" "아니요, 여전히 밤이에요." 그가 말했다. 그때 나는 이해했다. 밤이 단지 자신의 셔츠를 뒤집어 입은 것뿐이라는 것을. 그것은 영원히 불타오르는 저승의 밤이었다.

그가 내게 설명했다. 작업을 처음 시작할 때 캔버스는 매우 다채롭게 채색되었지만, 그다음에는 녹아내린 것 같은 백색이, 마치 가는 끈으로 만든 커튼처럼, 비가 내리듯 조금씩 그림을 덮어 간다는 것이었다. 내가 말했다. "밤에 천사들이 당신 아틀리에에 와서 그림 위에 하얀 오줌을 누는가 보죠."

내가 여러 번 반복해서 보던 그림이 있다. 왼쪽에 열린 문이 하나 있고, 중앙에는 마치 어떤 집에서 나오기라도 하듯 떠다니는 수평으로 누운 몸이 하나 있다. 오른 쪽 아래에는 벗어 놓은 모자가 하나 있다. 나는 이해했다. 그것은 집의 문이 아니라, 작은 흰색 타일 집들 즉 마르티니크의 묘지에서 흔히 볼 수 있는 무덤의 입구라는 것을.

나는 아래쪽 모자, 무덤 가장자리에 있기에는 의외인 모자를 바라보곤 했다. 초현실주의적인 방식으로 오브제를 엉뚱하게 배치한 것인가? 그 전날 나는 또 다른 마르티니크인 친구인 위베르의 집에 갔었다. 그는 내게 모자를 하나 보여 주었는데, 오래전에 돌아가신 아버지의 아름답고 큰 모자였다. "우리나라에서는 모자가 장남이 아버지로부터 물려받는 추억의 물건이에요." 그가 내게 설명해 주었다.

그리고 장미꽃들. 장미꽃들은 맴도는 육체 주위를 떠다니든지 그 육체 위로 자란다. 돌연 내 머릿속에 시구(詩句)가 떠올랐다. 내가 아주 젊었을 때 감탄했던 프란티셰크 할라스의 체코어 시구였다.

그대는 아래에서부터 장미 향을 맡을 것이다
그대가 그대의 죽음을 체험할 때
그리고 밤에 그대는 거부할 것이다
그대의 방패인 사랑을

  그리고 내 고국이, 바로크식 교회, 바로크식 묘지들, 바로크식 동상들로 이루어진 그 고국의 모습이 죽음에 대한 강박관념, 떠나가 버려 더 이상 살아 있는 사람들에게 속하지 않지만 비록 부패해도 여전히 육체로, 즉 사랑, 애정, 욕망의 대상으로 남아 있는 육체에 대한 강박관념과 함께 보였다. 그리고 옛 아프리카와 옛 보헤미아, 흑인들의 작은 마을과 파스칼의 무한한 공간, 초현실주의와 바로크, 할라스와 세제르, 오줌 누는 천사들과 슬피 우는 개들, 내가 사는 집과 내가 사는 다른 곳이 눈앞에 보였다.

7부 나의 첫사랑

외다리의 위대한 달리기

무엇을 통해 내 고국이 내 미학적 유전자에 영속적으로 각인되었는지를 내게 묻는다면, 나는 주저하지 않고 대답할 것이다. 야나체크의 음악을 통해서라고. 거기에는 전기적인 우연이 큰 역할을 했다. 야나체크는 일생을 브르노에서 보냈는데, 그것은 내 아버지도 마찬가지였고, 젊은 피아니스트였던 아버지는 그곳에서 야나체크의 초기 전문가들이자 지지자들로 이루어진 매력적인 (그리고 고립된) 모임에 속했다. 나는 야나체크가 세상을 떠난 지 일 년 후에 태어났고, 유년 시절부터 나는 매일 아버지나 아버지의 제자들이 피아노로 연주하는 그의 음악을 들었다. 1971년, 그 침울했던 점령 시대에, 아버지 장례식을 치르면서 나는 일체의 담화를 금지했다. 단지 네 음악가가 화장터에서 야나체크의 두 번째 현악4중주곡을 연주하기만 했다.

사 년 후에 나는 프랑스로 이주했고, 고국의 운명에 충격을 받아 고국의 가장 위대한 작곡가에 대해서 라디오 방송에서 여러 차례 그리고 오랫동안 이야기했다. 그리고 후에 한 음악 잡지에 당시(1990년대 초)에 녹음된 그의 음반에 대한 비평을 쓰는 것을 기꺼운 마음으로 수락했다. 믿을 수 없을 정도로 고르지 못한 (그리고 종종 보잘것없는) 해석 수준 탓에 약간 망치긴 했지만, 그 일은 확실히 즐거움이었다. 그 음반들 중에서 두 장만이 나를 매혹했다. 알랭 플라네스가 연주한 피아노 곡과 빈의 알반 베르크 4중주단이 연주한 4중주곡이었다. 그들에게 찬사를 보내면서 (그리고 그렇게 함으로써 다른 사람들과 논쟁을 벌이기 위해서) 나는 야나체크의 스타일을 규정하려는 시도를 했다. "주제들이 현기증을 일으킬 정도로 촘촘히 병치되어, 중간 부분 없이 빠르게 이어지며, 종종 동시에 울리기도 한다. 최대한 축소된 공간에서 투박함과 부드러움 사이의 긴장이 존재한다. 나아가서는 아름다움과 추함 사이의 긴장이 있는데, 왜냐하면 야나체크는 아마도 위대한 화가들이 체험하는 문제, 즉 예술 작품의 대상으로서의 추함의 문제를 음악에서 제기할 줄 알았던 드문 작곡가들 가운데 한 사람이기 때문이다.(4중주에서 예를 들자면, 브리지 가까이에서 현을 마찰함으로써 음악 소리를 소음으로 변형하는 술 폰티첼로 주법으로 연주되는 악절들이다.)" 그렇지만 나를 그렇게도 기쁘게 한 이 음반에도 야나체크를 멍청하게 민족주의자 시각에서 조망하는 텍스트가 들어 있는데, 그를 "스메타나의 정신적인 제자"로 만들어 버리며 (사실 그는 정반대였는데 말이다!) 그의 표현성을 이미

지나가 버린 한 시대의 낭만적 감상주의로 축소한다.

  동일한 음악에 대해 서로 다른 해석들이 서로 다른 특성을 보인다는 것은 더할 나위 없이 정상이라 할 수 있다. 따라서 야나체크의 경우, 문제가 되는 것은 불완전함이 아니라 그의 미학에 귀를 막고 있다는 것이다! 그의 독창성에 대한 일종의 몰이해인 것이다! 이러한 몰이해를 나는 의미심장하다고 생각하는데, 그것이 그의 음악 운명을 짓누른 저주를 드러내기 때문이다. '외다리의 위대한 달리기'에 관한 이 텍스트의 이유는 이런 것이다.

  1854년 가난한 환경의 (아주 작은) 마을 초등학교 교사 아들로 태어난 그는 열한 살 때부터 죽을 때까지, 프라하를 중심으로 하는 지성적 삶에서 소외된 지방 도시 브르노에서 살았다.(프라하 또한 오스트리아-헝가리 왕국 안에서는 한낱 지방도시에 불과했다.) 그러한 환경에서 그의 예술적 발달은 믿을 수 없을 만큼 느리게 이루어졌다. 그는 젊었을 때부터 작곡을 했으나 자신만의 스타일을 발견한 것은 마흔다섯 살 무렵에 「예누파」를 작곡하면서였다. 이 오페라는 1902년 완성되어 1904년 브르노의 한 초라한 극장에서 초연된다. 그의 나이 쉰 살이었으며, 머리는 완전히 하얗게 세었다. 여전히 과소평가된 그는 무명 상태로, 십사 년 동안 거부되었던 「예누파」가 프라하에서 공연되어 예상치 못했던 성공을 거두는 1916년까지 기다려야 했으며, 이 공연은 단숨에 그를 조국 국경 밖까지 알려지게 만든다. 그는 예순두 살이며, 그의 인생은 현기증 날 정도로 빨라진다. 그에게는 아직 살아가야 할 약 십이 년의 세월이 남았고, 그는 마치 끊임없는 열병에 걸린 것처럼 핵심적인 작품들을 쓴다. 그는 '현대 음악을 위한 국제 협회' 주최의 모든 축제에 초청되어 버르토크, 쇤베르크, 스트라빈스키 옆에 그들의 형제처럼 (형제라기에는 너무 나이가 많지만 어쨌든 형제처럼) 자리한다.

그런데 그는 누구였을까? 프라하의 교만한 음악학자들이 집요하게 표현했듯, 순진하게 민속에 눈이 먼 시골뜨기인가? 아니면 현대 음악의 위인 가운데 한 명인가? 그리고 이 경우, 어떤 현대 음악인가? 그는 알려진 그 어떤 흐름에도, 그 어떤 그룹에도, 그 어떤 학파에도 속하지 않았던 것이다! 그는 다른 사람들과 달랐고 혼자였다.

블라디미르 헬페르트는 1919년에 브르노대학교 교수가 되며, 야나체크에게 매혹되어 그에 관한 방대한 연구서를 총 네 권으로 발행할 계획을 세워 집필을 시작한다. 야나체크는 1928년 세상을 떠나고, 그로부터 십 년 후, 오랜 연구 끝에 헬페르트는 1권을 완성한다. 1938년 뮌헨에서였으며, 나치 치하 독일은 곧 전쟁에 돌입한다. 강제수용소에 수용된 헬페르트는 평가가 찾아온 초기에 세상을 떠난다. 그의 연구서 가운데 1권만이 남아 있으며, 이 책 마지막 부분에서 야나체크는 겨우 서른다섯 살이고 훌륭한 작품은 아무것도 내놓지 못한 때다.

일화 하나. 1924년 막스 브로트는 야나체크에 관해 감탄이 섞인 짧은 연구서를 (독일어로) 출간한다.(그에 관해 쓰인 최초의 책이다.) 헬페르트는 곧 이 책을 비판한다. 브로트에게는 과학적 엄정함이 부족하다고! 그 증거로, 그가 존재조차도 모르는 젊은 시절 작품이 있다는 것이었다! 야나체크는 브로트를 변호한다. 아무 중요성도 없는 것에 주의를 기울이는 것에 어떤 이득이 있는가? 무엇 때문에 작곡가 자신도 높이 평가하지 않고 대부분을 태워 버리기조차 한 것으로 작곡가를 판단하는가?

원형적인 갈등이다. 새로운 스타일, 새로운 미학, 이것들을 어떻게 파악할 것인가? 역사가들이 즐겨하듯, 예술가의 젊은 시절을 향해, 그의 첫 번째 성관계를 향해, 그가 유아 때 입은 배내옷을 향해 과거로 뛰어다니면서 파악할 것인가? 아니면 예술 실무가들이 그러듯 작품 구조나 작품 그 자체에 관심을 기울여 그것들을 분석하고 껍질을 벗기고 비교하고 대조하면서 파악할 것인가?

그 유명한 「에르나니」 초연이 생각난다. 위고는 스물여섯 살이고, 그보다 나이가 적은 그의 친구들 모두 그 연극에 대해서도 열광하지만, 특히 그들이 잘 알고 지지하며 또 그 때문에 투쟁하기도 하는 그 연극의 새로운 미학에 열광한다. 쇤베르크가 생각난다. 다수의 대중에게는 그렇게 미움을 샀지만, 그는 젊은 음악가들, 제자들 그리고 전문가들에게 둘러싸였고, 나중에 그에 대해 유명한 책을 써서 그의 음악을 대단하게 설명하는 아도르노도 거기에 속해 있었다. 일체의 오해를 막기 위해 자신들의 예술에 이론적 성명서를 수반해야 한다는 압박감을 가졌던 초현실주의자들이 생각난다. 다시 말해서, 현대의 모든 흐름들은 자신들의 예술과 동시에 자신들의 미학적 프로그램을 위해 투쟁했던 것이다.

고향에서 야나체크 주위에는 친구 무리가 전혀 없었다. 아도르노는 고사하고 그 십 분의 일, 그 백 분의 일만큼도 그 음악의 새로움을 설명하는 사람이 그곳에는 없었기에, 그의 음악은 그 어떤 이론적 뒷받침 없이, 마치 외다리 주자처럼 그렇게 혼자서 나아가야만 했다. 그의 인생 마지막 십 년간, 브로노에서 한 무리 젊은 음악가들이 그를 좋아하고 이해했지만 그들 목소리는 가까스로 들릴 뿐이었다. 그가 죽기 몇 달 전 (십사 년 동안 「예누파」를 거부했던) 프라하 국립오페라는 알반 베르크의 「보체크」를 무대에 올렸다. 프라하 관객들은 지나치게 현대적인 이 음악에 짜증이 나서 공연에 야유를 보냈고, 그 결과 극장 경영진은 고분고분하게, 그리고 재빨리 「보체크」를 프로그램에서 뺐다. 그때 연로한 야나체크가 공개적으로 격렬하게 베르크의 변호를 자처하는데 마치, 아직 그럴 시간이 있는 한, 그가 누구와 가까운지, 그의 일생 내내 자신에게는 부족했던 그의 편이 누구인지를 알게끔 하려는 것 같았다.

그가 세상을 떠난 지 팔십 년 후인 오늘 나는 라루스 백과사전을 열어 그에 관한 항목을 읽는다. "그는 민요의 체계적인 수집을 시도했으며, 민요의 수액은 그의 모든 작품과 그의 정치적 사상 전부에 양분을 제공하게 된다."(이 문장이 묘사하는, 결코 있을 수 없는 바보의 모습을 상상해 보시기를!) 그의 작품은 사실상 "국민적이고 민족적이다."(말하자면 현대 음악의 국제적 맥락에서 벗어났다!) 그의 오페라에는 "사회주의 이데올로기가 배어 있다."(완전한 넌센스) 사람들은 그의 형식을 "전통적인 것"으로 규정하면서 그의 비순응주의에 대해서는 입을 다물고 있다. 사람들은 그의 오페라 가운데 (미숙하고 바로 그런 이유로 잊힌 작품인) 「사르카」를 언급하는 반면, 세기의 가장 위대한 오페라 가운데 하나인 「죽은 자들의 집으로부터」에 대해서는 일언반구도 없다.

이 모든 표지판에 의해 벼락 맞은듯 아연실색한 여러 피아니스트들과 오케스트라 지휘자들이 그의 스타일을 찾아서 수십 년 동안 방황해 왔다는 것이 놀랄 만한 일인가? 반사적으로 확실하게 그를 이해한 사람들에게 그래서 나는 더욱 더 감탄한다. 찰스 매케러스, 알랭 플라네스, 베르크 4중주단 등…… 그의 사후 칠십오 년인 2003년 파리에서 나는 열광하는 관객을 앞에 두고 두 번 공연된 훌륭한 콘서트에 갔었다. 피에르 불레즈가 「카프리치오」, 「신포니에타」, 「글라골 미사」를 지휘했다. 명징성, 반낭만주의적 표현성, 난폭한 현대성이 수반된, 내가 들은 야나체크 곡 중에서 가장 야나체크다운 연주였다. 그때 나는 생각했다. 한 세기가 완전히 지난 후에 외다리로만 달린 야나체크가 결국 자신을 따르는 그룹과 영원히 만나는 중일 수 있다고.

향수에 젖게 하는 최고의 오페라

1

야나체크의 오페라 가운데 다섯 편의 걸작이 있다. 그중 세 작품(「예누파」(1902), 「카탸 카바노바」(1921), 「마크로풀로스 사건」(1924))의 대본은 희곡을 각색하고 축약한 것이다. 다른 두 작품(「꾀바른 암여우」(1923), 「죽은 자들의 집으로부터」(1927))은 다르다. 전자는 한 체코 현대 작가의 연재 소설(매력적이나 특출한 예술적 야망이 없는 작품)에 기반을 두었고, 후자는 도스토옙스키의 감옥에 대한 회상에서 영감을 얻은 것이다. 여기는 축약이나 각색만으로는 충분치 않았다. 독자적인 희곡 작품들을 창조했어야 하고, 그것들에 새로운 구성을 새겼어야 했다. 야나체크가 다른 그 누구에게도 맡길 수 없었고 그가 스스로 한 작업이다.

게다가 그 작업은 복잡했는데, 두 편의 문학적 모델에는 극적인 구성이나 긴장이 없었기 때문이다. 「꾀바른 암여우」는 숲 속에서 일어나는 목가적 사랑에 대한 정경들의 단순한 모음이고, 「죽은 자들의 집으로부터」는 도형수들의 삶에 대한 르포르타주다. 그리고 주목할 만한 것은 바로, 야나체크가 오페라 작품으로 만드는 과정에서 이러한 줄거리와 서스펜스의 부족함을 얼버무리기 위해 아무것도 하지 않았을 뿐 아니라 그 점을 강조했다는 것이다. 그는 결점을 강력한 카드로 변환했던 것이다.

오페라 예술에 필히 수반되는 위험은 음악이 자칫하면 단순한 삽화가 될 수 있다는 점이다. 즉 사건의 전개에 지나치게 집중한 관중이 청중이기를 포기할 수 있다는 점이다. 이런 관점에서 야나체크가 줄거리 구성을, 극적인 행동을 포기했다는 것은 오페라 내부의 '역학 관계'를 전복하고 음악을 근본적으로 전면에 내세우기를 원하는 한 위대한 음악가의 최고의 전략처럼 보인다.

다른 세 작품들보다 이 두 작품에서 야나체크가 오페라 텍스트의 특수성을 발견하게 된 계기는 바로 이러한 줄거리의 희미해짐이며, 그 특수성은 부정적 증거 덕분에 증명될 수 있게 되었다. 만약 이 작품들을 음악 없이 공연한다면, 대본들은 아무 의미도 갖지 못하게 된다. 왜냐하면 구상에서부터 야나체크는 중요한 역할을 음악에 할당하기 때문이다. 다름 아닌 음악이 이야기를 하고, 작중인물들의 심리를 드러내며, 감동을 주고, 놀라게 만들고, 사색하고, 마음을 사로잡고, 나아가서는 전체를 조직화하고 (게다가 매우 공을 들이고 매우 세련된) 작품의 뼈대를 결정짓기까지 하는 것이다.

2

 의인화된 동물들은 「꾀바른 여우」가 한 편의 동화나 우화, 또는 알레고리라고 믿게 할 수 있었다. 이러한 착각은 이 작품의 본질적 독창성을 가릴 수도 있었는데, 그 독창성은 인간 삶에 대한 산문, 즉 평상시와 같은 일상성에 뿌리박고 있다. 작품 배경은 숲 속 집, 여인숙, 숲이고, 작중인물은 삼림 관리인과 그의 두 친구, 즉 초등학교 교사와 사제, 여인숙 주인, 그의 아내, 밀렵꾼, 그리고 동물들이 있다. 의인화되었다고 해도 이 동물들은 조금도 일상의 산문에서 벗어나지 못한다. 암여우는 삼림 관리인에게 잡혀 정원에 갇혔다가 도망쳐 숲에서 살며 새끼들을 낳았는데, 결국 밀렵꾼의 총에 맞아, 자기를 죽인 밀렵꾼의 약혼자를 위한 토시가 됨으로써 끝난다. 동물이 등장하는 장면에서, 있는 그대로의 삶의 상투성에 덧붙은 것이라고는 유희적 무례함의 미소뿐이다. 사회적 권리를 주장하는 암탉들의 반항, 시기하는 새들의 교훈적인 쑥덕공론 등.
 동물 세계와 인간 세계를 연결하는 것은 동일한 테마다. 흘러가는 시간, 모든 길들이 향하는 노화다. 미켈란젤로는 자신의 유명한 시에서 이 노화에 대해 화가처럼 말한다. 육체적 노쇠의 구체적이고 무시무시한 디테일들을 쌓아 가는 것이라고. 반면 야나체크는 노화에 대해 음악가처럼 말한다. "노화에 대한 음악적 본질",(여기서 음악적이란, 음악이 이해할 수 있다는, 오직 음악만이 표현할 수 있다는 의미) 그것은 이제는 존재하지 않는 시간에 대한 무한한 향수다.

3

향수. 이것은 작품 분위기를 규정할 뿐 아니라, 항구적으로 대치되는 두 가지 시간의 평행 관계에 기반을 둔 작품의 뼈대까지도 규정한다. 천천히 늙어 가는 인간의 시간과 삶이 빠른 걸음으로 진행되는 동물의 시간이다. 암여우의 빠른 시간의 거울 속에서 늙은 삼림 관리인은 자기 인생의 향수 어린 덧없음을 인식한다.

오페라 첫 장면에서 피곤에 지친 그는 숲을 지나간다. "녹초가 된 것 같아, 마치 첫날밤을 보낸 것처럼." 그가 한숨을 지으면서 말하고는 그 자리에 앉아 잠이 든다. 마지막 장면에서도 역시 그는 자신의 첫날밤을 기억하며 어떤 나무 아래에서 잠이 든다. 오페라 중간 부분에서 흥겹게 축하를 받는 암여우의 결혼이 작별 인사라는 채로 걸러진 빛의 후광을 받는 것은 바로 이러한 인간적 틀에 끼인 덕분이다.

오페라 마지막 단락은 겉으로 보기에 무의미한 장면으로 시작되나 여전히 마음을 옥죈다. 삼림 관리인과 초등학교 교사 둘만이 여인숙에 있다. 세 번째 친구인 사제는 다른 마을로

임지가 바뀌어 이제 그들과 같이 있지 않다. 여인숙 주인의 아내는 너무 바빠서 말하고 싶은 생각이 없다. 교사 또한 말이 별로 없다. 그가 사랑하는 여자가 그날 결혼하기 때문이다. 그래서 대화는 매우 빈약하다. 여인숙 주인은 어디 있어? 시내에. 그리고 사제는 어떻게 지내지? 누가 알겠어. 그리고 삼림 관리인의 개는 왜 그 자리에 없어? 그 개는 이제 걷기를 좋아하지 않는데, 다리가 아프고 늙었기 때문이야. 우리가 그렇게 말하듯, 삼림관리인이 덧붙인다. 이렇게까지 대화가 진부한 오페라 장면을 나는 알지 못한다. 그리고 이보다 더 폐부를 찌르고 더 사실적인 슬픔을 다룬 장면을 나는 알지 못한다.

야나체크는 오직 오페라만이 말할 수 있는 것을 말하는 데 성공했다. 한 여인숙에서의 무의미한 수다에 대한 견디기 어려운 향수는 오페라에 의해서만 표현될 수 있다. 음악, 음악이 없었다면 여전히 하찮고 눈에 띄지 않으며 벙어리로 머물렀을 어떤 상황의 네 번째 차원이 되는 것이다.

4

술을 많이 마신 교사는 들판에서 홀로 해바라기를 본다. 한 여자를 미칠 듯 사랑하는 그는 해바라기가 그 여자라고 생각한다. 그는 무릎을 꿇고 해바라기를 향해 사랑을 고백한다. "이 세상 어느 곳이든지 나는 그대와 함께 갈 겁니다. 나는 두 팔로 그대를 껴안을 겁니다." 이 부분은 일곱 마디밖에 안 되지만 비장함이 매우 강하게 담겨 있다. (스트라빈스키의 작품에서 그럴 수 있는 것처럼) 예상치 않았던 불협화음으로 이러한 고백의 기괴한 성격을 이해하게 하는 단 하나의 음정도 없다는 것을 보여 주기 위해 이 부분을 다음과 같이, 화음과 함께 인용한다.

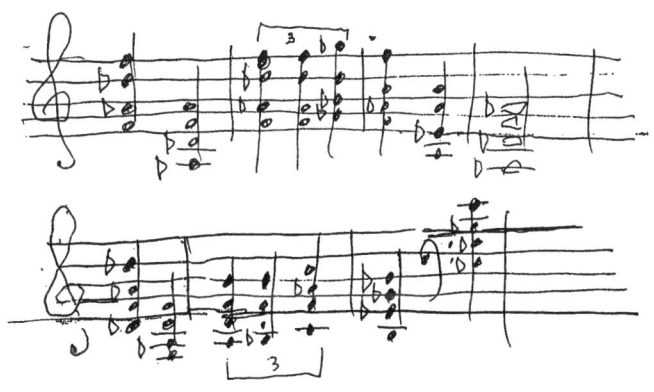

이것이 바로 늙은 야나체크의 지혜다. 그는 우리 감정의 우스꽝스러운 면이 감정의 진정성을 전혀 바꾸지 않는다는 것을 안다. 교사의 열정이 깊고 신실하면 할수록, 그 열정은 더욱 더 코믹하고 더욱 더 구슬프다.(그런데 음악이 없는 장면을 상상해 보자. 그것은 단지 코믹하기만 할 것이다. 평범한 코믹 말이다. 오로지 음악만이 감추어진 슬픔을 넌지시 드러내 줄 수 있다.)

하지만 해바라기를 위한 그 사랑의 노래를 조금 더 살펴보자. 노래는 일곱 마디밖에 계속되지 않으며, 반복되지 않고, 더 이상의 연장은 없다. 우리는 파고들고 천착하며 넓히고, 취기에 이를 때까지 단 하나의 감정만을 매번 확대하는 긴 멜로디로 특징 지워지는 바그너의 감동과 정반대쪽에 있다. 야나체크에게 있어서는 감동이 바그너 못지않게 강렬하지만 극도로 집중되어서 간결하다. 세상은 감정들이 지나가고, 번갈아 뒤를 이으며, 서로 대치되고, 종종 서로 양립할 수 없음에도 동시에 반향을 일으키는 회전목마와 유사하다. 야나체크의 음악 전체에 담긴 모방할 수 없는 긴장은 바로 여기서 나온다. 「꾀바른 암여우」의 첫 마디들이 이를 증명한다. 구슬픈 향수를 담은 레가토 모티프가 뒤틀리게 만드는 스타카토 모티프와 부딪히고, 이것은 다시 여러 번 반복되고 점점 더 공격적으로 변하는 빠른 박자의 세 가지 음으로 끝난다.

동시에 배치되고, 섞이고, 겹쳐져 대비를 이루는, 감정적으

로 모순된 이 두 모티프는 불안한 동시성 안에서 첫 41마디를 점유하고, 오페라 시작부터 우리를 「꾀바른 암여우」라는 애절한 전원시의 긴장되고 감정적인 분위기로 빠트린다.

5

마지막 막. 삼림 관리인은 교사와 헤어져 여인숙을 나선다. 숲 속에서 그는 향수에 젖는다. 그는 같은 나무들 아래에서 아내와 함께 한가로이 거닐던 결혼식 날을 생각한다. 잃어버린 봄을 찬미하는 매혹적인 노래다. 그러면 어찌되었던 감상적인 피날레로는 더할 나위 없지 않은가? 꼭 '더할 나위 없다'고는 할 수 없다. 찬미 속에 끊임없이 산문이 개입하기 때문이다. 우선 파리들이 불쾌하게 윙윙거린다.(술 폰티첼로로 연주되는 바이올린) 삼림 관리인은 얼굴의 파리들을 쫓는다. "이 파리들이 없다면 나는 금방 잠이 들 텐데." 잊지 말자, 그는 늙었기 때문이다. 마치 다리가 아픈 그의 개처럼 늙었기 때문인 것이다. 그래도 몇 마디 동안 그는 여전히 노래를 계속하다가 정말로 선잠이 든다. 꿈속에서 그는 숲 속 모든 동물들을 보는데, 그중에는 꾀바른 암여우의 딸인 작은 암여우가 있다. 그가 작은 암여우에게 말한다. "네 엄마를 잡았듯이 내가 너도 잡을 거야, 하지만 이번에는 사람들이 너와 나에 대해서 신문에 글을 쓰지 못하도록 내가 신경을 더 쓸 거야." 이것은 야나체크가 오페라를 만들 때 준거했던 연재 소설에 대한 암시다.

매우 강렬하게 목가적인 분위기로부터 우리를 깨우는 농담이다.(그렇지만 몇 초 이상 계속되지는 않는다.) 그러고는 개구리 한 마리가 다가온다. "이 조그만 괴물아, 너 여기서 뭐하니?" 삼림 관리인이 개구리에게 말한다. 개구리는 더듬거리면서 대답한다. "당신이 본다고 생각하는 것은 내가 아니라, 내, 내, 내 할아버지예요. 할아버지께서는 당신에 대해 내게 많, 많, 많은 이야기를 해 주었어요." 이것이 오페라의 마지막 단어들이다. 삼림 관리인은 나무 아래에서 깊이 잠들고 (코를 골 수도 있다.) 그동안 (몇 마디에 해당되는 짧은) 음악이 황홀하게 펼쳐진다.

6

아, 이 작은 개구리! 막스 브로트는 이 개구리를 조금도 좋아하지 않았다. 프란츠 카프카의 가장 친한 친구인 막스 브로트 맞다. 그는 할 수 있었던 모든 곳에서 야나체크를 지지했다. 그는 야나체크의 오페라들을 독일어로 번역해서 게르만 문화 지역의 극장 문을 열어 주었다. 신실한 우정은 그로 하여금 그의 모든 비판적 지적들을 작곡가에게 전달하게 했다. 그는 한 편지에서, 개구리는 사라져야 한다고, 그리고 개구리의 말 더듬 대신 삼림 관리인이 오페라의 결론이 될 수 있는 말을 장중하게 발음해야 한다고 쓴다. 그는 이 말을 야나체크에게 제안하기까지 한다. "So kehrt alles zurück, alles in ewiger

Jugendpracht!'" "이렇게 모든 것이 회귀한다, 영원한 청춘의 힘과 함께 모든 것이!"

야나체크는 거부했다. 브로트의 제안은 그의 모든 미학적 의도와 반대로, 그가 평생을 주도한 논쟁과 반대로 가기 때문이었다. 그를 오페라 전통에 맞서게 하던 논쟁이다. 그를 바그너에게 맞서게 하던 논쟁이며, 그를 스메타나에게 맞서게 하던 논쟁이다. 그를 같은 나라 사람들의 공식적인 음악학에 맞서게 하던 논쟁이다. 달리 말해 (르네 지라르의 표현을 인용하면) 그를 "낭만적 거짓"에 맞서게 하던 논쟁이다. 개구리를 중심으로 한 작은 언쟁은 브로트의 치유할 수 없는 낭만주의를 드러낸다. 피곤에 지친 삼림 관리인이 양팔을 벌리고 고개는 뒤로 젖힌 채 영원한 젊음의 영광을 노래하는 것을 상상해 보자! 이것은 전형적인 낭만적 거짓이든지, 또 다른 단어를 사용하자면, 키치다.

(카프카, 무질, 브로흐, 곰브로비치, 그리고 또한 프로이트 등) 20세기 중앙 유럽의 가장 위대한 문학가들은 그들이 살던 유럽 일부에서 유별나게 무거운 낭만주의의 중압감에 굴복한 19세기의 유산에 반란을 일으켰다.(그들은 이 반란 안에서 고립되었다.) 그것은, 그들에 따르면, 천박한 절정에 이를 때 필연적으로 키치로 귀결되는 낭만주의다. 그리고 그들에게 있어서 (그리고 그들의 제자와 상속자들에게 있어서) 가장 큰 미학적 악은 바로 키치다.

발자크나 스탕달 같은 작가를 한 명도 세상에 내놓지 못한 19세기 중앙 유럽은 오페라에 위대한 숭배를 바쳤고, 오페라는 그곳에서 다른 어느 곳에서도 볼 수 없었던 사회적, 정치적, 국민적 역할을 수행했다. 그리고 이 위대한 모더니스트들의 모순된 분노를 불러일으킨 것은 그래서 그 자체로서의 오페라, 그 정신, 속담식의 과장이다. 예를 들어 헤르만 브로흐에게 있어서 화려함, 감상주의, 비현실성을 갖춘 바그너의 오페라는 키치의 패러다임 그 자체를 나타낸다.

작품의 미학에 의해서 야나체크는 중앙 유럽의 이 위대한 (그리고 외로운) 반낭만주의자 그룹에 속한다. 비록 그가 일생을 오페라에 헌신했지만, 오페라의 전통에 대해서는, 오페라의 관례에 대해서는, 오페라의 몸짓에 대해서는 헤르만 브로흐만큼이나 비판적 관계를 맺었던 것이다.

7

야나체크는 산문 텍스트를 기반으로 오페라를 작곡한 최초의 사람들 가운데 한 명이다.(그는 「예누파」를 19세기 말에 쓰기 시작했다.) 일체의 운문 언어를 (그리고 이와 함께 현실에 대한 미화된 시각을) 영원히 거부한 이 위대한 몸짓, 마치 이 몸짓이 그의 모든 스타일을 단번에 발견하게 만든 것 같다. 그리고 그의 위대한 도박은 음악적 아름다움을 산문에서 찾은 것이다. 일상적 상황들을 다룬 산문, 그의 멜로디 예술의 독창성에 영감을 주는 구어로 이루어진 산문에서 말이다.

애가(哀歌)적인 향수는 음악과 시의 숭고하고 영원한 주제다. 하지만 야나체크가 그의 「꾀바른 여우」에서 드러낸 향수는 지나간 시간을 슬퍼하는 연극적 몸짓과 거리가 멀다. 몸서리쳐질 정도로 사실적인 그 향수는 그것을 찾는 사람이 아무도 없는 바로 그곳에 있다. 여인숙에서의 두 늙은 남자의 수다 속에, 한 가엾은 동물의 죽음 속에, 해바라기 앞에 무릎 꿇은 초등학교 교사의 사랑 속에.

8부 쇤베르크를 잊음

이것은 내 축제가 아니다
영화 탄생 100주년을 기념하는 다른 글들과 함께 1995년
《프랑크푸르터 룬트샤우》에 게재되었던 글

    1895년 뤼미에르 형제가 발명한 것은 예술이 아니라, 현실의 시각적 이미지를 순간의 편린이 아닌 움직임과 지속성 안에서 파악하고, 보여 주고, 간직하고, 보존할 수 있게 만드는 기술이었다. 이러한 '활동사진'의 발견이 없었다면, 지금 세상은 현재 모습이 아닐 수도 있을 것이다. 새로운 기술은 우선, (스폿 광고, 텔레비전 드라마처럼 저질 문학보다 비교할 수 없을 정도로 강력한) 바보 만들기의 주요한 동인이 되었으며, 두 번째로 (불리한 상황에서 정적을 비밀리에 촬영하고, 테러 행위가 일어난 후 들것에 누워 있는, 옷이 반쯤 벗겨진 여자의 고통을 불멸화하는 카메라처럼) 전 지구적인 무례함의 동인이 되었다.

    예술로서의 영화가 존재하는 것도 사실이다. 그렇지만 그 중요성은 기술로서의 영화의 중요성보다도 훨씬 더 제한적이며, 그 역사는 모든 예술 역사 중에서 가장 짧다. 이십 년 전 파

리에서의 한 저녁 식사가 기억난다. 괜찮고 이지적인 한 젊은이가 조롱과 경멸을 섞어 농담처럼 펠리니에 대해서 말한다. 그는 펠리니의 최근 영화를 솔직히 형편없는 작품이라고 생각한다. 나는 최면술에 걸린 것처럼 그를 바라본다. 상상력의 가치를 아는 나는 펠리니의 영화에 대해서 무엇보다도 공손한 감탄을 느낀다. 체코슬로바키아에서는 최악의 스탈린 시대에서조차 한 번도 체험하지 못했던 느낌을 내가 처음으로 경험하는 것은 1980년대 초 프랑스에서 이 똑똑한 젊은이를 마주하고서인데, 그 느낌은 예술-이후의 시대에 있다는 느낌, 예술의 필요성, 감수성, 예술에 대한 사랑이 사라지기 때문에 예술이 사라진 세상에 있다는 것이었다.

 그때 이후로 나는 사람들이 펠리니를 더 이상 좋아하지 않는다는 사실을 점점 더 자주 확인했다. 비록 그가 (스트라빈스키처럼 또는 피카소처럼) 자신의 작품으로 현대 예술사의 위대한 시대를 만드는 데 성공했음에도 말이다. 비록 그가 비교할 수 없는 자유로운 상상으로, 초현실주의자들의 오랜 욕망-프로그램인 몽상과 현실의 융합을 실현했음에도 말이다. 비록 그가 (유난히 과소평가된) 말년에 우리가 사는 현대 사회의 가면을 벗기는 명징성을 자신의 몽상적 시선에 부여할 줄 알았음에도 말이다. (「오케스트라 리허설」, 「여인들의 도시」, 「그리고 배는 항해한다」, 「진저와 프레드」, 「인터뷰」, 「달의 목소리」 같은 그의 작품을 상기해 보자.)

 펠리니가 텔레비전에서 광고를 삽입하기 위해 영화를 잠시 중단하는 것에 반대하면서 베를루스코니와 격렬하게 대치한 것은 바로 이 말년에 일어난 일이다. 이러한 대치에서 나는 하나의 깊은 의미를 파악했다. 스폿 광고 역시 하나의 영화 장르라는 점에서, 그것은 뤼미에르 형제로부터 물려받은 두 가지 유산 사이의 대치였다. 예술로서의 영화와 바보 만들기 동인으로서의 영화 사이의 대치다. 결과는 익히 알려졌다. 예술로서의 영화가 패배한 것이다.

  이 대치는 1993년 베를루스코니의 텔레비전이 임종을 앞둔 펠리니의 무력하고 벌거벗은 몸을 화면에 투사할 때 그 에필로그를 경험한다.(기이한 우연의 일치다. 카메라들의 시간(屍姦)증적인 분노가 예언적으로, 처음으로 제기되고 드러난 것이 1960년 「달콤한 인생」의 잊을 수 없는 한 장면에서다.) 역사적 전환점은 끝나 가고 있었다. 뤼미에르 형제의 상속자로서의 펠리니의 고아들은 더 이상 대단한 영향력을 미치지 못한다. 펠리니의 유럽은 전혀 다른 또 하나의 유럽에 의해 멀어졌다. 영화 탄생 100주년이라고? 좋다. 하지만 이것은 내 축제가 아니다.

베르톨트, 그대에게서 무엇이 남을 것인가?

1999년 파리의 (가장 진지한 측에 속하는) 한 주간지가 '세기의 천재들'이라는 자료를 발간했다. 열여덟 명이 수상자 명부에 올랐다. 코코 샤넬, 마리아 칼라스, 지그문트 프로이트, 마리 퀴리, 이브 생로랑, 르코르뷔지에, 알렉산더 플레밍, 로버트 오펜하이머, 록펠러, 스탠리 큐브릭, 빌 게이츠, 파블로 피카소, 포드, 알베르트 아인슈타인, 로버트 노이스, 에드워드 텔러, 토머스 에디슨, 모건. 그런데 여기에는 소설가도 없고 시인도 없고 극작가도 없다. 철학자도 없다. 건축가는 단 한 명 있다. 화가는 단 한 명이지만 디자이너는 두 명 있다. 작곡가는 없지만 성악가는 한 명 있다. 영화인은 단 한 명 있다.(파리 기자들은 에이젠슈테인, 채플린, 베리만, 펠리니보다도 큐브릭을 선호했다.) 이 수상자 명부는 무지한 사람들이 조작한 것이 아니었다. 이 명부는 매우 분명하게 현실적인 변화를 예고했다.

유럽과 문학, 철학, 예술의 새로운 관계다.

사람들이 문화에 영향을 끼친 중요한 위인들을 망각한 것인가? 망각은 정확한 단어가 아니다. 나는 세기가 저물어 가는 동일한 시기에 연구서들이 파도처럼 쏟아져 나온 사실을 기억한다. 그레이엄 그린, 어니스트 헤밍웨이, T. S. 엘리엇, 필립 라킨, 베르톨트 브레히트, 마르틴 하이데거, 파블로 피카소, 에우제네 이오네스코, 치오란 등…… 그리고 또…….

악의로 가득 찬 이 연구서들은 (엘리엇을 옹호한 크레이그 레인, 라킨을 옹호한 마틴 에이미스, 고맙소.) 주간지 수상 명부의 의미를 분명하게 해 주었다. 사람들은 문화의 천재들을 조금의 후회도 없이 멀리 내쳤다. 세기병과 그 도착증 그리고 그 죄악과 함께 모두 명성이 더러워진 문화적 우두머리들보다 코코 샤넬과 그녀 드레스의 순수함을 사람들이 선호한 것은 그나마 위안이다. 유럽은 검찰관들의 시대로 들어가고 있었다. 유럽은 더 이상 사랑받지 않고 있었다. 유럽은 더 이상 스스로를 사랑하지 않고 있었다.

이 말은 이 모든 연구서들이 묘사된 작가들의 작품에 대해서 특별히 엄격하다는 의미인가? 아니, 그렇지 않다, 이 시대에 예술은 이미 자신의 매력을 잃어버렸고, 교수와 전문가들은 더 이상 그림이나 책에 관심 있는 것이 아니라, 그 그림이나 책을 만든 사람들, 즉 그들의 인생에 관심을 갖고 있었다.

검찰관들의 시대에 인생이란 무엇을 의미하는가?

기만적인 외면 아래에서 과오를 숨기는 데 사용되는 일련의 사건들.

변장을 한 과오를 찾기 위해서는 연구자에게 탐정의 재능과 정보원 네트워크가 필요하다. 그리고 자신의 고상한 학자적 위상을 잃지 않기 위해 그는 페이지 하단에 정보원의 이름을 인용해야 한다. 과학의 눈으로 보아서 험담이 진실로 변형되는 것은 바로 이러한 과정을 통해서이기 때문이다.

베르톨트 브레히트를 연구한 팔백 쪽의 두꺼운 책을 펼친다. 메릴랜드 대학교의 비교문학 교수인 저자는 브레히트 영혼의 천박함(숨겨진 동성애, 호색증, 그의 작품의 실제 저자들이었던 정부(情婦)들 이용하기, 친(親)히틀러 성향, 친(親)스탈린 성향, 반유대인주의, 거짓말 습성, 무정함)을 보여 주고 나서, 마침내(45장) 그의 몸, 특히 한 문단 전체를 할애하여 묘사하는 그의 지독한 체취에 이른다. 이러한 후각적 발견의 과학성을 확인시키기 위해 그는 해당 장의 43번 주에서 "당시 베를리너 앙상블 극단의 사진 현상실 책임자였던 베라 텐셰르트로부터 이 세밀한 묘사"를 받았다고, 그녀가 "1985년 6월 15일"에 (그러니까 악취의 주인을 입관한 후 삼십 년 후에) 이 이야기를 자기에게 했다고 밝힌다.

아, 브레히트, 그대에게서 무엇이 남을 것인가?

그대의 악취는 삼십 년 동안 그대의 충실한 동료에 의해 간직되다가 갑자기 어떤 학자에 의해 되살아났고, 이 학자는 대학 실험실의 현대적 방법으로 그 악취를 강화해, 우리가 사는 새 천년의 미래로 보냈구나.

쇤베르크를 잊음

전쟁이 끝나고 일이 년이 지났을 때, 청소년이었던 나는 나보다 다섯 살쯤 나이가 많은 한 유대인 커플을 만난 적이 있다. 그들은 테레진 수용소에서, 곧이어 또 다른 강제 수용소에서 젊은 시절을 보냈다. 내가 감당하기 힘든 그들의 운명 앞에서 나는 주눅이 들었다. 내가 불편해하자 그들이 짜증을 냈다. "그만해요, 그만해!" 그러고는 그들은 그곳에서의 생활에도 인생의 모든 면이 있다는 점을, 눈물만큼이나 농담이, 끔찍함만큼이나 다정함이 모두 있다는 점을 끈질기게 내게 이해시키려고 했다. 그들이 전설로, 불행의 조각상으로, 나치즘과 관련된 암울한 서류철로 변형되지 않도록 자신을 지킨 것은 자신들의 삶에 대한 사랑이다. 그 후 그들과는 완전히 연락이 끊겼지만, 그들이 나를 이해시키려고 했던 것은 잊지 않았다.

체코어로는 테레진, 독일어로는 테레친슈타트. 게토가 된 이곳은 나치가 진열장처럼 이용한 도시고, 나치들이 국제 적십자의 멍청이들에게 전시할 수 있도록 수감자들을 상대적으로 문명화된 방식으로 살게 내버려두었던 곳이다. 중앙 유럽의 유대인들, 특히 오스트리아-체코의 유대인들이 그곳에 다시 모였다. 그들 중에는 프로이트, 말러, 야나체크, 쇤베르크의 빈 악파, 프라하 구조주의의 광휘를 받고 살아온 위대한 세대의 수많은 지식인, 작곡가, 작가 들이 있었다.

그들은 환상에 사로잡히지 않았었다. 그들은 죽음의 곁방에서 살고 있었다. 그들의 문화 생활은 나치의 선전에 의해 마치 알리바이처럼 진열되었다. 그렇다고 해서 그들은 이 일시적이고 기만적인 자유를 거부해야 했을까? 그들의 대답은 지극히 명료했다. 그들의 창작, 그들의 전시, 그들의 콘서트, 그들의 사랑 등, 그들 삶의 모든 면은 그들의 간수들이 벌이는 죽음의 코미디보다 비교할 수 없을 만큼 더 중요했다. 이것이 그들의 판돈이었다. 오늘날 그들의 지성적이고 예술적인 행위는 우리를 어안이 벙벙하게 만든다. 내가 생각하는 것은 단지 그들이 그곳에서 창작에 성공한 작품들만이 아니다.(나는 작곡가들을 생각한다! 야나체크의 제자이며, 내가 어렸을 때 내게 작곡을 가르쳐 준 파벨 하스를! 그리고 한스 크라사를! 그리고 기데온 클라인을! 그리고 전쟁이 끝나고 유럽의 위대한 오케스트라 지휘자 중 한 명이 되는 안체를을!) 나는 그렇게 끔찍한 상황에서 테레진 공동체 전체를 사로잡은, 문화에 대한 갈증에 대해서 더 많이 생각한다.

그들에게 예술은 무엇을 의미했는가? 예술은 삶이 유일한 공포의 차원으로 축소되지 않기 위해 감정과 생각의 모든 면을 활짝 펼친 상태를 유지하는 방법이었다. 그리고 그곳에 수용된 예술가들에게는? 그들은 자신들의 개인적 운명이 현대 예술, '퇴화'되었다는 예술, 추방되고 조롱받고 사형을 언도받은 예술의 운명과 혼동되는 것을 보았다. 나는 그 당시 테레진에서 열렸던 콘서트의 포스터를 바라본다. 프로그램에 말러, 젬린스키, 쇤베르크, 하바의 이름이 있다. 망나니들의 감시 아래 유죄 선고를 받은 사람들이 유죄 선고를 받은 음악을 연주하고 있었다.

지난 세기의 마지막 몇 년을 생각한다. 기억, 기억의 의무, 기억의 작업이 그때의 기치(旗幟) 단어였다. 과거의 정치 범죄를 그 그림자까지, 그 마지막 더러운 얼룩까지 추적하는 것이 명예로운 행위로 간주되었다. 그렇지만 매우 특별하고, 책임을 지우며, 형벌에 급급한 이러한 기억은 자신들을 고문하는 사람들의 불사(不死)는 아랑곳하지 않고 말러와 쇤베르크를 기억 속에 간직하고자 온갖 일을 했던 테레진의 유대인들이 그렇게도 열정적으로 집착했던 기억과는 아무런 공통점이 없다.

언제가 이 주제에 대해 토론하면서 내가 한 친구에게 물었다. "그런데 「바르샤바의 생존자」 알아?" "생존자라고? 누구 말이야?" 그는 내가 무엇에 대해 말하는지 몰랐다. 하지만 아널드 쇤베르크의 오라토리오인 「바르샤바의 생존자」는 음악이 홀로코스트에 바친 가장 위대한 기념물이다. 20세기 유대인이 겪은 참사의 실존적 본질 전체가 그 안에 생생하게 새겨져 있다. 그 끔찍한 장엄함을 모두 간직하고서, 그 끔찍한 아

8부 쇤베르크를 잊음

름다움을 모두 간직하고서 말이다. 사람들은 살인자들을 잊지 않기 위해 투쟁한다. 그리고 사람들은 쇤베르크를 잊었다.

9부   『가죽』, 원(原)-소설

1. 형식을 찾아서

정신의 힘으로 우리를 눈부시게 만들지만 저주의 낙인이 찍힌 위대한 작가들이 있다. 그런 작가들은 자신들이 말하고자 하는 모든 것을 위한 독창적 형식을, 즉 그들에게서 사상을 분리할 수 없는 것과 마찬가지로 그들의 개성과 불가분의 관계에 있는 독창적 형식을 찾지 못했다. 예를 들어 말라파르테 세대의 위대한 프랑스 작가들을 생각한다. 젊었을 때 나는 그들을 무척 숭배했다. 아마도 사르트르를 최고로 숭배했을 것이다. 희한한 일은 바로 그가 문학에 관한 에세이(선언문)에서 소설의 개념에 대한 불신으로 나를 놀라게 했던 사람이라는 것이다. 그는 '소설', '소설가'라고 말하는 것을 좋아하지 않는다. 그는 하나의 형식에 대한 첫 번째 지표가 될 수 있는 이 단어를 입 밖에 내는 것을 회피한다. 그는 '산문', '산문 작가' 경우에 따라서는 '산문가'에 대해서만 말할 뿐이다. 그는 시에서는 '미학적 자율성'을 인지하지만, 산문에서는 그렇지 않다고 설명한다. "산문은 본질적으로 실용적이다. (……) 작가는 말하는 사람이다. 작가는 가리키고, 보여 주고, 명령하고, 거부하고, 개입하고, 말을 걸고, 간청하고, 욕하고, 설득하고, 암시한다." 이런 경우 형식에 어떤 중요성이 있을 수 있을까? 그가 대답한다. "무엇에 대해 쓰기를 원하는지 아는 것이 중요하다. 나비들에 관한 것인지 아니면 유대인의 처지에 관한 것인지. 그리고 그것을 알 때에는 그에 대해 어떻게 쓸 것인지를 결정하는 일이 남아 있다." 아닌 게 아니라 사르트르의 모든 소설들은, 아무리 중요한 작품이라 할지라도, 형식의 절충주의로 특징 지워진다.

내가 톨스토이의 이름을 들을 때, 그 즉시 나는 그 어느 소설과도 닮지 않은 그의 위대한 소설 두 편을 상상한다. 내가 사르트르, 카뮈, 말로를 말할 때, 이들의 개성이 제일 먼저 내게 환기시키는 것은 그들의 전기, 그들의 논쟁과 투쟁, 그들의 견해 표명이다.

2. 참여 작가의 선구–모델

사르트르보다 이십여 년 앞서 말라파르테는 이미 '참여 작가'였다. 좀 더 정확히 말하자면 그의 선구–모델이었다. 왜냐하면 당시에는 사르트르의 이 유명한 표현이 사용되지 않았고, 말라파르테는 아직 아무것도 쓰지 않았기 때문이다. 열다섯 살 때 말라파르테는 공화당(좌익 정당) 청년부의 지역 비서가 된다. 그가 열여섯 살 때 1914년 전쟁이 발발하며, 그는 집을 떠나 프랑스 국경을 넘어 독일인과 싸우기 위해 지원병으로 구성된 부대에 참여한다.

청소년들의 결정에 필요 이상의 과도한 논거를 부여하고 싶지는 않다. 그렇다고 해도 말라파르테의 행동은 훌륭했다. 그리고 진지하기도 했으며, 오늘날 일체의 정치적 행위에 필연적으로 수반될 수 있는 미디어의 코미디를 초월하는 것이라는 점을 말하지 않을 수 없다. 전쟁이 끝나 갈 무렵 한 격렬한 전투에서 그는 독일군의 화염 방사기에 중상을 입는다. 그로 인해 그의 폐는 평생 손상된 상태로 남으며, 그의 영혼은 큰 충격을 받는다.

그런데 무엇 때문에 나는 이 어린 학도병을 참여 작가의 선구 모델이라고 말했을까? 나중에 그가 하나의 추억을 이야기한다. 이탈리아의 젊은 지원병들은 곧 라이벌 관계의 두 그룹으로 나뉜다. 한 그룹은 가리발디를 내세웠고, 다른 그룹은 (그들이 전선으로 출발하기 전에 집합했던 곳과 동일한 한 프랑스 남부 지방에서 살았던) 페트라르카를 내세웠다. 이러한 청소년들 간의 논쟁 속에서 말라파르테는 가리발디 추종자들에 반대하여 페트라르카의 진영에 가담했다. 그의 참여는 시작부터, 노동 조합 운동가나 정치적 투사의 참여가 아니라 셸리, 위고, 말로 같은 사람들의 참여와 유사했다.

전쟁이 끝나고 (매우 젊은) 청년인 그는 무솔리니 당에 입당한다. 학살의 기억이 주는 충격에서 여전히 벗어나지 못한 그는 그가 경험했고 증오했던 세상을 청소할 수 있는 혁명의 전조를 파시즘 안에서 본다. 그는 정치적 삶에서 일어나는 모든 일에 정통한 신문기자이자, 눈에 띄고 매력적인 사교계 인물이기도 하지만, 무엇보다 예술 그리고 시와 사랑에 빠진 사람이다. 그는 늘 가리발디보다는 페트라르카를 더 좋아하며, 그가 가장 소중하게 생각하는 사람들은 예술가와 작가 들이다.

페트라르카가 가리발디보다 더 많이 자신을 대변하기에 그의 정치적 참여는 개인적이고, 상궤를 벗어나며, 독립적이고, 반규율적이며, 그 결과 그는 곧 권력과 충돌하고(같은 시대에 러시아에서는 공산주의 지식인들이 이와 같은 상황을 경험하고 있었다.) '반파시스트적 행위로' 체포되기까지 하며, 당에서 축출되고 얼마 동안 수감되었다가 오랜 연금에 처한다. 사면된 뒤에는 다시 신문기자가 되고, 1940년 징집되어 러시아 전선에서 여러 기사를 송고하나, 그 기사들은 (정당한 일이지만) 반독일적이고 반파시스트적이라는 판결을 받고, 그는 또 다시 감옥에서 몇 달을 지내게 된다.

3. 형식의 발견

말라파르테는 일생에 걸쳐 많은 책들 — 에세이, 논쟁집, 관찰기, 회고록 — 을 썼고, 이 책들은 모두 지적이고 탁월하지만 만일 『파멸』과 『가죽』이 없었다면 이미 잊혔을 것이다. 『파멸』은 그가 쓴 중요한 책일 뿐 아니라, 완전히 새로우며 그 자신에게만 속하는 새로운 형식을 찾았던 책이기도 하다.

이 책은 어떤 책인가? 첫 눈에 이 책은 종군기자의 르포르타주처럼 보인다. 예외적이며 선풍을 일으킬 만하기도 한 르포르타주인데, 그가 《코리에레 델라 세라》의 기자로서 그리고 이탈리아 군대 장교로서, 들킬 수 없는 스파이처럼 자유롭게 나치에 점령당한 유럽을 돌아다녔기 때문이다. 살롱에 익숙하고 재치가 넘치는 그에게 정치 세계의 문이 열린다. 『파멸』에서 그는 이탈리아 정치가들(특히 무솔리니의 사위이자 외무부 장관인 치아노)과의 대화, 독일 정치인들(유대인 학살을 주도하는 폴란드 총독 프랑크 그리고 핀란드식 사우나에서 벌거벗은 채 만나는 힘러)과의 대화, 위성 국가의 독재자들(크로아티아의 지배자 안테 파벨리치)과의 대화를 이야기하는데, 이 모두는 (독일, 우크라이나, 세르비아, 크로아티아, 폴란드, 루마니아, 핀란드의) 평범한 사람들의 실제 생활에 대한 관찰로 이루어진 세속적 보고서들을 수반한다.

그 증언의 특이성으로 비추어 보았을 때, 지난 세계 대전을 다룬 그 어떤 역사가도 그의 경험을 원용하지 않았고, 그가 자기 책에서 장황하게 표현한 정치인들의 말을 한 번도 인용하지 않았다는 사실이 놀랄 만하다. 이상하기는 하지만 이해할 수 있다. 이 르포르타주는 르포르타주와는 다르기 때문이다. 그것은 미학적 의도가 매우 강하고 분명해서, 예민한 독자라면 역사가, 기자, 정치학자, 회고록 저자에 의한 증언의 맥락에서 본능적으로 배제하는, 문학 작품이기 때문이다.

이 책의 미학적 의도는 형식의 독창성에서 가장 뚜렷하게 보인다. 그 아키텍처를 묘사해 보도록 하자. 이 책의 아키텍처는 삼중으로 나뉘어 있다. 부, 장, 단락이다. (각각 하나의 제목이 붙은) 부가 여섯 개 있고, 각 부에는 (마찬가지로 각각 하나의 제목이 붙은) 여러 장이 있으며, 각 장은 (제목은 없고 단순한 여백으로 분리된) 단락으로 나뉜다.

여섯 부의 제목은 각각 '말', '쥐', '개', '새', '순록', '파리'다. 이 동물들은 (백여 마리의 말들이 호수 얼음 속에 갇혀 있고, 죽은 말들의 머리만 위로 튀어나와 있는 1부의 잊을 수 없는 장면에서처럼) 물질적 존재로 등장하기도 하지만, 또한 (그리고 특히) (2부에서 쥐들이 독일인들에게 쥐처럼 취급당하는 유대인을 상징한다든지, 6부에서 파리들이 시체의 열 때문에 매우 사실적으로 증식하는데 이것이 동시에 끝나기를 원하지 않는 전쟁 분위기를 상징하는 것처럼) 은유로 등장한다.

사건 진행은 리포터의 경험에 따른 연대기로 조직화되어 있지 않다. 의도적으로 이질적인 각 부의 사건들은 여러 역사적 순간에, 상이한 장소들에 위치한다. 예를 들어 (말라파르테가 스톡홀름의 옛 친구 집에 있는) 1부에는 세 장이 있다. 첫째 장에서 두 남자는 파리에서 보낸 자신들의 삶을 추억한다. 둘째 장에서 (여전히 스톡홀름에서 친구와 함께 있는) 말라파르테는 전쟁 때문에 피로 물든 우크라이나에서 자신이 경험한 것을 이야기한다. 마지막이자 셋째 장에서 그는 자신이 핀란드에서 체류했던 것에 대해 이야기한다.(그가 얼어붙은 호수 위로 말들의 머리가 튀어나온 끔찍한 장면을 본 것은 바로 그곳이다.) 각 부의 사건들은 그러니까 동일한 날짜나 동일한 장소에서 일어나지 않는다. 각 부는 동일한 분위기를, (예컨대 2부에서 유대인들의 운명처럼) 동일한 집단적 운명을, 그리고 특히 (동물 제목 은유에 의해 지시되는) 인간 존재의 동일한 양상을 동질성으로 가진다.

4. 자유로워진 작가

(독일군에게 점령당한 우크라이나의 한 농부 집이라는) 믿을 수 없는 상황에서 대부분 집필된 『파멸』의 원고는 전쟁이 끝나기도 전인 1944년부터 그때 막 해방된 이탈리아에서 출판되었다. 바로 그다음, 즉 전쟁이 끝난 후 몇 년 동안 집필된 『가죽』은 1949년에 출간되었다. 두 책은 서로 닮았다. 말라파르테가 『파멸』에서 발견한 형식은 『가죽』 밑바탕에서도 보인다. 그렇지만 두 책의 유사점이 분명하면 할수록 두 책 사이의 차이점은 더 중요하다.

『파멸』의 장면에는 실제 역사적인 인물들이 매우 자주 등장하며, 이는 모호함을 발생시킨다. 이 구문들을 어떻게 이해할 것인가? 증언의 정확성과 정직성을 자랑스러워하는 기자의 보고서로? 아니면 시인의 무소불위의 자유로 이 역사적 인물들에 대해 자신만의 시각을 입히기를 원하는 한 작가의 상상력으로?

『가죽』에서는 이러한 모호함이 사라진다. 이 작품에는 역사적 인물들을 위한 자리가 없다. 여기에도 나폴리의 이탈리아 귀족들이 미군 장교들을 만나는 대규모 사교계 모임이 있으며, 그들의 이름은 사실이거나 가공이지만, 이번에는 여기에 아무런 중요성도 없다. 작품 내내 말라파르테와 동행하는 미군 대령 잭 해밀턴은 진짜로 존재했을까? 만약 그랬다면 그의 이름은 잭 해밀턴이었을까? 그리고 그는 말라파르테가 작품 속에서 말하게 하는 것을 실제로 말했을까? 이러한 질문들은 조금도, 정말 조금도 중요하지 않다. 우리는 기자들 또는 회고록 저자들에 속하는 영역을 완전히 떠났기 때문이다.

또 다른 중요한 변화가 있다. 『파멸』을 집필한 사람은 '참여 작가', 즉 악이 어디에 있고 선이 어디에 있는지를 안다고 확신하는 작가였다. 그는 열여덟 살 때 손에 쥔 화염 방사기를 증오했듯 독일 침략자들을 증오했다. 권력이 묵인하는 유대인 박해를 보고 나서 그가 어떻게 무관함을 느낄 수 있었겠는가?(유대인에 대해서 말하자면, 점령당한 모든 국가들에서 일어나는 일상적 박해에 대해 그렇게 충격적인 증언을 쓴 사람이 그 말고 또 누가 있는가? 게다가 그 문제에 대해서 사람들이 아직 활발하게 이야기하지도 않고, 거의 아무것도 모르다시피 하던 1944년에 말이다!)

『가죽』에서 전쟁은 끝나지 않지만 결론은 이미 정해졌다. 폭탄이 매일 떨어지는데, 이번에는 다른 유럽 위로 떨어진다. 어제는 누가 학대자이고 누가 희생자인지 묻지 않았다. 지금은 선과 악이 단번에 그들의 얼굴을 드러냈다. 새로운 세계는 아직 잘 알려지지 않았다. 미지이고 수수께끼 같다. 이야기를 하는 사람에게 확실한 것은 단 하나다. 아무것도 확실하지 않다는 것이 확실할 뿐이다. 그의 무지는 지혜가 된다. 『파멸』에서 파시스트 또는 친독파와 살롱에서 대화를 나누는 동안 말라파르테는 냉정한 조롱의 태도를 흔들림 없이 유지하면서 자신의 고유한 생각을 숨기지만, 독자에게는 그런 만큼 그의 생각이 더욱 더 분명하게 보인다. 『가죽』에서 그의 말은 냉정하지도 분명하지도 않다. 그의 말에는 여전히 조롱기가 섞여 있지만, 이러한 조롱기는 절망적이고, 자주 고양된다. 그는 과장하고, 모순되는 말을 한다. 그는 단어로 스스로에게 고통을 주며 타인에게 고통을 준다. 고통에 겨운 한 사람이 말을 하는 것이다. 참여 작가는 없다. 시인이 있을 뿐이다.

5. 『가죽』의 구성

(부, 장, 단락으로 이루어진) 『파멸』의 삼중 나누기와 다르게, 『가죽』의 나누기는 이중에 불과하다. 여기에는 부가 없이, 연속된 열두 장이 있을 뿐이고, 각 장에는 하나의 제목이 붙어 있고, 각 장은 여백으로 서로 구분되며 제목이 없는 여러 단락들로 구성되어 있다. 따라서 전작에 비해 구성은 더 단순하고, 서술은 더 빠르게 진행되며, 책 전체는 사 분의 일 정도 더 짧다. 마치 『파멸』의 약간 뚱뚱한 몸이 다이어트 요법을 받은 것처럼 보인다.

그리고 미화(美化)가 있다. 특히 매력적이며 다섯 단락으로 구성된 6장('검은 바람')을 통해 이 아름다움을 살펴보자.

무척 짧은 첫째 단락은 네 문장으로 이루어진 단 하나의 문단으로 구성되며 "더듬거리며 걷는" "장님처럼" 세상을 지나가는 불행의 메신저인 "검은 바람"에 대한 몽환적 이미지만이 펼쳐진다.

둘째 단락은 추억을 이야기한다. 책의 현재 시제보다 이 년 앞선 시기에 전쟁 중인 우크라이나에서 말라파르테가 말을 타고 나무들이 두 열로 늘어선 길을 가고 있는데, 나무들에는 마을 유대인들이 십자가에 못 박혀 죽음을 기다리고 있다. 말라파르테는 자기들을 죽여 고통을 피하게 해 달라는 유대인들의 목소리를 듣는다.

셋째 단락도 추억을 이야기한다. 이번 추억은 좀 더 먼 과거로, 말라파르테가 전쟁이 일어나기 전 유형에 처해졌던 리파리 섬으로 거슬러 올라간다. 그가 기르던 개 페보의 이야기다. "나는 그 어떤 여자도, 형제도, 친구도 페보를 사랑한 것처럼 사랑한 적이 없다." 그의 수감 생활 마지막 이 년간 페보는 그와 함께 있다가, 그가 사면 첫날 로마로 갈 때 그를 따라간다.

넷째 단락은 어느 날 로마에서 사라진 페보의 이야기를 계속한다. 힘들게 조사를 한 끝에 말라파르테는 페보가 한 불량배에게 잡혀 의학 실험용으로 병원에 팔렸다는 사실을 알게 된다. 그는 병원에서 "바로 뉘어 배가 열린 채 간에 관 하나가 심어져 있는" 페보를 발견한다. 페보의 입에서는 신음 소리가 조금도 나지 않는데, 의사들이 수술 전에 모든 개들의 성대를 잘랐기 때문이다. 말라파르테를 측은하게 여긴 의사는 페보에게 안락사를 위한 주사를 처방한다.

다섯 째 단락은 책의 현재 시제로 되돌아온다. 말라파르테가 로마를 향해 진군하는 미군과 동행한다. 병사 한 명이 중상을 입어 배가 갈라지고 내장이 다리까지 흘러내린다. 상사는 병사가 병원으로 후송되어야 한다고 주장한다. 말라파르테가 격렬하게 반대한다. 병원이 멀리 떨어져 있어, 지프로 후송하는 것은 시간이 많이 걸리고 병사에게 고통을 줄 수 있기 때문이다. 그를 그 자리에 그대로 두어 자기가 죽어 가는 것을 모르는 채 죽게 내버려두어야 한다는 것이 그의 주장이다. 결국 병사는 죽고, 상사는 말라파르테의 얼굴 한가운데를 주먹으로 친다. "그가 죽은 것은, 마치 개처럼 죽은 것은 바로 네 잘못이야!" 의사가 와서 병사의 죽음을 확인하고, 말라파르테의 손을 꼭 잡으며 말한다. "병사 어머니의 이름으로 당신에게 감사 드리오."

다섯 단락이 각각 다른 시기, 다른 장소에 위치하는데도 단락들은 모두 완벽하게 연결되어 있다. 첫째 단락은 장 전체를 덮는 검은 바람의 은유를 전개한다. 둘째 단락에서 이 바람은 우크라이나의 풍경을 지나간다. 셋째 단락, 즉 리파리에서도, 보이지 않지만 "사람들 주위를 늘 배회하는, 말없고 경계를 풀지 않는" 죽음의 강박관념으로서 바람은 늘 존재한다. 왜냐하면 이 장에서는 죽음이 도처에 있기 때문이다. 죽음과 죽음을 대하는 인간의 태도, 비겁하고 위선적이고 무지하고 무력하고 당황해하고 무장해제된 태도가 도처에 있다. 십자가에 못 박혀 나무에 매달린 유대인들이 신음한다. 해부대 위 페보는 아무 소리도 내지 않는데, 그의 성대가 잘려 나갔기 때문이다. 유대인들을 죽여 그들의 고통을 덜어 줄 수 없는 말라파르테는 미치기 일보 직전이다. 그는 페보에게 죽음을 줄 수 있는 용기를 찾는다. 안락사의 테마는 마지막 단락에 다시 등장한다. 말라파르테는 치명상을 입은 병사의 고통을 연장하는 것을 거부하고, 상사는 주먹질로 그를 응징한다.

매우 이질적인 이 장 전체는 동일한 분위기에 의해, (죽음, 동물, 안락사의) 동일한 테마에 의해, 동일한 은유와 동일한 단어의 반복(잦아들 줄 모르는 숨결로 우리를 사로잡는 멜로디는 바로 여기서 나온다.)에 의해 훌륭하게 통합되어 있다.

6. 『가죽』 그리고 소설의 현대성

말라파르테의 한 에세이집에서 프랑스어 서문의 저자는, 『파멸』과 『가죽』을 "이 무서운 아이의 성숙한 소설들"이라고 규정한다. 소설이라고? 정말로? 맞다, 동의한다. 『가죽』 형식이 대다수 독자들이 소설이라고 여기는 것과 닮지 않았다는 것을 잘 아는데도 말이다. 더구나 이런 경우가 결코 드물지 않다. 세상에 나올 때는, 공통적으로 소설이라고 받아들여지는 생각과 닮지 않은 위대한 소설들이 많이 있다. 그래서 어떠냐고? 위대한 소설은 바로 기존에 존재하던 것을 반복하지 않기 때문에 위대한 것이 아닌가? 위대한 소설가들은 자신들이 쓴 글의 엉뚱한 형식에 종종 스스로 놀라 자신들의 책의 장르에 대한 불필요한 논쟁을 피하려고 한다. 그럼에도 『가죽』의 경우, 독자가 역사에 대한 지식을 넓히기 위해 르포르타주처럼 접근하느냐, 아니면 아름다움과 인간에 대한 지식으로 자신을 풍요롭게 하기 위해 문학 작품처럼 접근하느냐에 따라 그 차이는 근본적이다.

게다가 이런 점도 있다. 해당 예술의 역사적 맥락에서 바라보지 않으면, 예술 작품의 가치(독창성, 참신성, 매력)를 파악하기 어렵다. 『가죽』의 형식이 소설에 대한 개념 자체와 어긋나 보이기도 하지만, 이 어긋나 보이는 모든 것 또한, 이전 세기 소설의 규범에 반대해서 20세기에 형성된 소설 미학의 새로운 분위기와 어울린다는 사실을 나는 중요하게 생각한다. 위대한 현대 소설가들은 모두 소설의 이야기, 즉 '스토리'를 더 이상 소설의 통일성을 담보하기 위한, 대체불가능한 토대로 간주하지 않으면서 스토리에 대해 일정한 거리를 두었다는 사실이 한 예일 수 있다.

그래서 『가죽』의 형식에서 놀랄 만한 것은 바로 이런 것이다. 구성은 그 어떤 '스토리'에도, 그 어떤 행동의 인과적 연쇄에도 기반을 두지 않는다. 소설의 현재 시제는 출발선(미국이 나폴리에 도착하는 1943년 10월)과 결승선(지미가 미국으로 영원히 떠나기 전에 말라파르테에게 작별 인사를 하는 1944년 여름)에 의해 결정된다. 이 두 선 사이에서 연합군이 나폴리에서 아펜니노 산맥까지 진군한다. 이 시간의 공간에서 벌어지는 모든 일들은 보기 드문 (장소, 시간, 상황, 추억, 작중인물의) 이질성에 의해 식별된다. 그리고 강조하건대, 소설사에 있어서 전대미문의 이 이질성은 구성의 통일성을 조금도 약화하지 않는다. 동일한 바람이 열두 장을 모두 지나가면서 동일한 분위기, 동일한 테마, 동일한 작중인물, 동일한 이미지, 동일한 은유, 동일한 후렴으로 구성된 단 하나의 세계를 빚어낸다.

 동일한 배경. 나폴리는 소설이 시작되는 곳이며 끝나는 곳이고, 그 추억이 도처에 남아 있는 곳이다. 달은 책의 모든 정경 위에 있다. 우크라이나에서는 십자가에 못 박혀 나무에 매달린 유대인들을 비춘다. 부랑자들이 사는 교외 하늘에 걸린 "달은 한 송이 장미처럼, 정원 같은 하늘을 향기롭게 하고 있었다.""황홀하고, 경이로울 정도로 먼" 달은 티볼리의 산들을 밝게 비춘다. "거대하고 피처럼 역겨운" 달이 시체로 뒤덮인 전장을 바라본다. 말은 후렴으로 변형된다. 페스트는 미군과 같은 날 나폴리에 나타났는데, 마치 해방자들이 해방된 사람들에게 선물로 가져다준 것 같았다. 나중에 페스트는 최악의 유행병처럼 퍼지는 집단적 밀고의 은유가 된다. 그 밖에 도입 부분의 깃발도 있다. 왕의 명령에 따라 이탈리아인들은 깃발을 진탕 속에 "영웅적으로" 내팽개쳤다가, 자기들의 새로운 깃발인 것처럼 다시 들어올리고, 또 다시 내팽개치고, 불경스러운 웃음과 함께 또 다시 들어올린다. 그리고 책이 끝날 때쯤 되어 이 도입 부분의 장면에 대한 응답이기라도 하듯 한 인간의 몸이 탱크에 깔려 으스러지면서 "마치 깃발처럼" 납작해져 흔들린다.

 반복, 변조, 응답으로 다시 나타나고, 그런 식으로 소설의 단일성을 만들어 내는 단어, 은유, 테마 들을 무한히 인용할 수도 있지만, 나는 의도적으로 '스토리'를 부재하게 만드는 이러한 구성의 또 다른 매력에 주목한다. 잭 해밀턴은 죽고, 말라파르테는 이제부터 자기 나라에서, 같은 나라 사람들 사이에서 영원히 혼자라는 것을 느낄 것임을 안다. 그렇지만 잭의 죽음은 다른 사항에 대해 말하는 긴 문단 속 단 하나의 문장으로 알려진다.(알려지는 것 이상은 아니다. 우리는 그가 어떻게 어디서 죽었는지조차 모른다.) 단일한 '스토리'를 기반으로 구성된 모든 소설에서는 그렇게 중요한 작중인물의 죽음은 장황하게 묘사되고 대개 소설의 결론을 구성할 것이다. 하지만 희한하게도 바로 이러한 간결성 덕분에, 이러한 조심스러운 수수함 덕분에, 묘사의 완전한 부재 덕분에, 잭의 죽음은 참을 수 없을 정도로 감동적이다…….

7. 심리학의 퇴조

어느 정도 안정된 사회가 비교적 천천히 앞으로 나아갈 때, 인간은 자기 동포들(정말 슬플 정도로 서로 닮은 동포들)로부터 스스로를 구분하기 위해 자신의 사소한 심리적 특성들에 민감하게 주의를 기울이며, 이러한 심리적 특성들만이, 흉내 낼 수 없기를 바라는 자신의 개성을 만끽하는 즐거움을 가져다줄 수 있다. 하지만 1914년의 전쟁, 부조리하고 거대한 이 대학살은 유럽에 새로운 시대를 연다. 전제적이고 탐욕스러운 역사가 인간 앞에 불쑥 솟아올라 인간을 사로잡는 시대다. 이제부터 인간은 우선적으로 외부로부터 결정될 것이다. 강조하건대, 외부에서 온 이러한 충격들은 인간이 반응하고 행동하는 방법에 미치는 일체의 결과 때문에, 무의식 깊이 감추어진 내면의 상처 못지않게 놀랍고 불가사의하고 이해하기 힘들 것이다. 그리고 이러한 충격들이 소설가에게는 적지 않게 매혹적일 것이다. 게다가 다름 아닌 소설가만이 세기가 인간의 실존에 가져다준 이 변화를 파악할 수 있다. 그렇기에 소설가가 그때까지 통용되는 소설 형식을 왜곡할 수밖에 없는 것은 당연한 일이다.

『가죽』의 작중인물들은 완벽하게 사실적이지만, 그럼에도 그들은 일대기의 묘사에 의해 조금도 개성화되지 않았다. 우리가 말라파르테의 절친한 친구인 잭 해밀턴에 대해서 무엇을 아는가? 그는 한 미국 대학교에서 학생들을 가르쳤고, 사랑스러운 마음으로 유럽 문화를 이해하며, 지금은 자신이 이해할 수 없는 유럽 앞에서 당혹스러움을 느낀다. 이것이 전부다. 그의 가족에 대해서는, 그의 내면 삶에 대해서는 아무 정보도 없다. 19세기 소설가가 작중인물을 사실적이고 '살아 있게' 만들기 위해 불가피하다고 여겼을 만한 것은 아무것도 없다. 『가죽』의 모든 작중인물들에 대해 마찬가지로 말할 수 있다.(작중인물로서의 말라파르테도 여기에 포함된다. 그의 개인적이고 사적인 과거에 대해서는 단 한마디도 없다.)

심리학의 퇴조다. 카프카가 일지에서 이 점을 주장했다. 아닌 게 아니라 K의 심리적 근원에 대해서, 그의 유년 시절에 대해서, 그의 부모에 대해서, 그의 사랑에 대해서 우리는 무엇을 이해하고 있는가? 잭 해밀턴의 내밀한 과거에 대해서도 마찬가지다.

8. 망상을 내뱉는 아름다움

소설에서 일어나는 모든 일은 사실임 직했어야 한다. 19세기에는 당연했다. 20세기에는 이 절대적 명령이 그 힘을 상실했다. 카프카부터 시작해서 카르펜티에르나 가르시아 마르케스에 이르기까지 소설가들은 점점 더 사실 같지 않은 것의 시에 민감해져 왔다. (카프카 애호가도 아니었고 카르페티에르나 가르시아 마르케스를 알지도 못했던) 말라파르테 또한 똑같은 유혹에 넘어갔다.

밤이 시작될 무렵 나무들이 두 열로 늘어선 길을 말을 타고 지나가는 말라파르테의 머리 위에서 말소리가 들리며, 달이 점점 더 높아짐에 따라 그것이 십자가에 못 박힌 유대인들이라는 것을 말라파르테가 이해하는 장면을 다시 한 번 상기하자. 이것은 사실인가? 환상인가? 환상이건 아니건 잊을 수 없는 장면이다. 1920년대 파리에서 초현실주의자들과 몽환적 상상력에 대한 열정을 공유하고 '경이적인 것'의 탐색에 참여했지만, 이십 년 후에는 카라카스에서 회의에 사로잡혔던 알레호 카르펜티에르가 생각난다. 과거에 그를 매혹했던 것이 이제는 '시적 관례'처럼, '마술사의 트릭'처럼 보인 것이다. 그가 파리의 초현실주의자들과 멀어지는 것은 낡은 사실주의로 회귀하기 위해서가 아니라 또 다른 '경이적인 것', 더 진실하고 현실에 뿌리박은 경이적인 것을 발견했다고 생각하기 때문이며, 그 현실은 모든 것이 사실 같지 않은 일처럼 보였던 라틴 아메리카의 현실이다. 나는 말라파르테가 비슷한 무엇인가를 체험했다고 상상한다. 그 또한 초현실주의자들을 사랑했고(그가 1937년에 창간한 잡지에 그는 엘뤼아르와 아라공을 번역하여 게재했다.) 이것이 그들의 추종으로 이어지지는 않았지만, 아마도 '우산과 재봉틀' 식 기이한 만남들로 가득 찬, 광기가 되어 버린 현실의 어두운 아름다움에 더욱 민감하게 만들었을 것이다.

한편 『가죽』이 시작되는 것은 바로 이런 만남에 의해서다. "1943년 10월 1일, 연합군이 해방자의 자격으로 이 불행한 도시에 진입한 바로 그날, 나폴리에 페스트가 발생했다." 그리고 책의 마지막 부분인 9장 '불의 비'에서 유사한 초현실적 만남이 일반화된 망상의 차원에 이른다. 성주간(聖週間) 동안 독일군은 나폴리를 폭격하며, 젊은 여자 한 명이 죽어 어떤 성 안 테이블 위에 놓이는데, 이와 동시에 베수비오 화산이 "헤르쿨라눔과 폼페이가 재의 무덤에 파묻힌 그날" 이후로는 유례가 없을 정도로 무시무시한 굉음을 내며 용암을 분출하기 시작한다. 화산 폭발은 인간과 자연 모두의 광기를 흔들어 댄다. 새 떼들이 성인 조각상들 주위 성막들 안으로 몰려들어 숨고, 여자들은 매춘업소의 문을 부순 뒤 벌거벗은 창녀들의 머리채를 잡아 끌어내며, "마치 머리가 있어야 할 자리에 계란을 올려놓은 것처럼" 조개 모양 흰 잿더미에 얼굴이 파묻힌 시체들이 도로를 뒤덮으며, 자연은 끊임없이 이러한 것들을 뒷받침한다…….

책의 또 다른 부분에서는 사실 같지 않은 일이 무섭기보다는 오히려 기괴하다. 나폴리 주위 바다에는 기뢰가 흩뿌려져 어업이 불가능하다. 미군 장군들은 연회를 위해 대형 수족관에서 물고기를 구해야만 한다. 그런데 코크 장군이 미국에서 파견된 주요 인사인 플랫 부인을 위해 연회를 주최하려고 할 때, 수족관 물고기가 이미 바닥난 상태다. 나폴리 수족관에는 물고기가 단 한 마리 남아 있다. 바로 인어인데 "인간과 흡사한 형태 때문에 고대 인어 전설의 기원이 되었던 '인어과'에 속하는 매우 희귀한 표본"이다. 인어가 식탁 위에 놓이자, 경악 그 자체다. "내가 이…… 이…… 이 불쌍한 여자를 먹게 만드시지 않으면 좋겠네요!" 아연실색한 플랫 부인이 외친다. 당황한 장군은 "이 끔찍한 것"을 치우라고 명령하지만, 군종 장교인 브라운 대령은 이에 만족하지 않는다. 그는 종업원들을 시켜 물고기를 은 관에 넣은 뒤 들것으로 옮기게 하며, 기독교식 장례를 치르기 위해 그 뒤를 따라간다.

1941년 우크라이나에서 한 유대인이 탱크의 무한궤도에 으깨진다. 그는 "인피(人皮) 카펫"이 된다. 그러자 몇 유대인들이 그를 먼지 구덩이에서 떼어 내기 시작한다. 한 사람이 "갖고 있던 삽의 날 부분을 머리 쪽에 찔러 박고는, 이 깃발과 함께 길을 떠난다." 이 장면은 (더구나 '깃발'이라는 제목이 붙은) 10장에서 묘사되며, 로마의 카피톨리움 언덕 근처에서 일어나는 변주가 그 뒤를 바로 잇는다. 어떤 남자가 미군 탱크들을 마주보고 기쁨에 겨워 소리를 지른다. 그가 미끄러져 넘어진다. 탱크 한 대가 그의 몸 위를 지나간다. 사람들이 그를 침대 위로 옮긴다. 그에게 남은 것이라고는 "인간 형태로 잘린 가죽"뿐이다. "카피톨리움 탑 위에 휘날릴 만한 가치가 있는 유일한 깃발"이다.

9. 탄생 중인 새로운 유럽

2차 세계 대전으로부터 빠져나온 모습으로서의 새로운 유럽, 『가죽』은 이 유럽의 모든 진실성을 파악한다. 즉 차후의 고려에 의해 수정되지 않고, 탄생되는 그 순간의 새로움으로 눈부신 유럽 모습을 밖으로 드러내 주는 시선으로 진실성을 파악하는 것이다. 니체의 사상이 머리에 떠오른다. 어떠한 현상의 본질이 밝혀지는 것은 바로 그것이 발생하는 순간 안에서다.

새로운 유럽은 역사에 유례가 없는 막대한 패배에서 탄생한다. 말 그대로의 유럽, 유럽 전체가 처음으로 패배한 것이다. 처음에는 나치 독일에서 구체화된 유럽 고유의 악의 광기에 패배하고, 이어서 한쪽은 미국에, 다른 한쪽은 러시아에 의해 해방되었다. 그것은 해방이자 점령이었다. 빈정거리는 것이 아니다. 이 두 단어의 사용은 모두 정당하다. 두 단어의 결합에는 상황의 공통적 성격이 내재한다. 도처에서 독일군에 대항해 싸웠던 레지스탕스의 (빨치산의) 존재는 본질적인 것에 아무 변화도 가져오지 못했다. (대서양에서 발트 연안 국가들까지의 유럽에서) 그 어느 국가도 자신의 힘으로 해방되지 못했다.(그 어느 국가도? 그래도 자신의 빨치산 군대 덕분에 해방된 유고슬라비아가 있다. 1999년 세르비아 도시들을 수주에 걸쳐 폭격해야 했던 것은 바로 이런 이유에서다. 차후에라도 이 유럽 일부에 패배자의 지위를 받아들이게 하기 위해서인 것이다.)

해방자들은 유럽을 점령했고, 단숨에 변화가 분명해졌다. 어제까지도 (매우 자연스럽게, 매우 순진하게) 자신의 역사, 자신의 문화를 세계 모델로 간주했던 유럽은 자신의 왜소함을 느꼈다. 그 자리에는 찬란하고 편재(遍在)하는 미국이 있었다. 미국과의 관계를 다시 생각하고 개편하는 것이 유럽에게 있어서 최우선적인 과제가 되었다. 말라파르테는 유럽의 정치적 미래를 예언하려는 의도 없이 이 점을 보았고 묘사한 것이다. 그를 매혹했던 것은 유럽인이 되는 새로운 방식, 유럽인이라고 느끼는 새로운 방식이었으며, 그때부터 점점 더 강해지는 미국의 존재가 그 방식을 결정하게 될 것이었다.『가죽』에서 이 새로운 방식은 그때 이탈리아에 있던 미국인들에 대한 짧고 간략하고 종종 우스운 일련의 묘사로부터 솟아오른다.

종종 심술궂기도 하고 종종 호감으로 가득 차기도 한 이러한 크로키 안에서 긍정적이거나 부정적인 그 어떤 입장 표명도 없다. 플랫 부인의 오만한 바보짓. 군종 장교 브라운의 점잖은 어리석음. 나폴리의 저명한 부인들 가운데 한 명을 알아보지 못하고 휴대품 보관소의 아리따운 아가씨 쪽으로 다가

가서 연회 무도회 개회를 하려는 코크 장군의 귀여운 단순함. 지미의 우호적이고 정겨운 천박함. 진정한 친구, 사랑받는 친구 잭 해밀턴은 말할 것도 없고…….

그때까지 미국은 그 어떤 전쟁에서도 패배한 적이 없기 때문에, 그리고 미국은 신앙이 있는 국가였기 때문에, 미국 시민은 그 승리에서 자신들의 정치적, 도덕적 확신을 확인시키는 신의 의지를 보고 있었다. 지치고 회의적이며, 패배하고 죄의식을 느낀 유럽인은 새하얀 치아에 쉽게 황홀경에 빠지곤 했다. 그것은 "미국인이 미소를 지으며 무덤 속으로 내려가면서 살아 있는 사람들에게 최후의 인사처럼 던지는" 고결한 흰색이 주는 황홀경이었다.

10. 전장에서 바뀐 기억

해방된 지 얼마 되지 않은 피렌체 한 성당의 높은 계단에서 공산주의 빨치산 한 무리가 (어리다고도 할 수 있는) 젊은 파시스트들을 차례대로 처형하고 있다. 유럽인의 역사에서 근원적인 전기를 예고하는 장면이다. 건드릴 수 없는 결정적인 국경선이 이미 승자에 의해 그려졌기 때문에, 유럽 국가들 간에는 살육이 일어나지 않을 것이다. "이제 전쟁은 죽어 가고 있었고, 시작되고 있는 것은 이탈리아인들 사이의 학살이었다." 증오는 국가들의 내부로 숨어 들어간다. 그렇지만 이곳에서조차 전투는 본질적으로 변화한다. 투쟁의 목표는 더 이상 미래나 차후 정치 시스템이 아니라 (미래가 어떤 모습을 띨지는 승자가 이미 결정했다.) 과거다. 유럽의 새로운 전투가 일어나게 되는 곳은 기억의 장(場) 외에는 없다.

『가죽』에서 미군이 이미 이탈리아 북부를 점령했을 때, 안전한 상태의 빨치산들이 밀고자 동지를 한 명 죽인다. 그들은 그를 초원에 묻고, 신발이 채 벗겨지지 않은 그의 발을 땅 위에 삐죽 나오게 했다. 말라파르테가 이 장면을 보고 항의하지만 소용이 없었고, 다른 사람들은 미래를 위한 경고로 남을 친독파의 우스꽝스러운 모습에 기뻐한다. 그리고 우리는 이제 안다. 유럽이 전쟁의 종식으로부터 멀어지면 멀어질수록, 유럽은 과거 범죄를 잊을 수 없게 만드는 것이 도덕적 의무라고 더욱 더 심하게 주장할 것이다. 그리고 시간이 흘렀기에, 법정은 점점 더 나이가 드는 사람들을 단죄해 왔고, 고발인 연대는 망각의 덤불로 쳐들어갔으며, 전장은 묘지로 확대되었다.

『가죽』에서 말라파르테는 미군기들이 인광탄을 투하하는 함부르크를 묘사한다. 자신들을 집어삼키려는 불을 끄기 위해 주민들은 도시를 가로지르는 운하 속으로 뛰어든다. 하지만 불은 물속에서는 꺼졌다가도 공기 중에서는 즉시 되살아나기에, 사람들은 머리를 물속에 집어넣었다가 또다시 집어넣는 행동을 끊임없이 반복해야만 했다. 이러한 상황은 며칠간 계속되었고, 그동안 "수많은 머리들이 수면으로 나와, 눈동자를 굴리며 입을 열고 말을 하곤 했다."

전쟁의 현실이 사실임 직함을 넘어서는 또 하나의 장면이다. 나는 자문한다. 기억의 통솔자들은 왜 이러한 공포를 (공포에 대한 이러한 암울한 시(詩)를) 신성한 추억으로 만들지 않았을까? 기억의 전쟁은 패자들 사이에서만 맹위를 떨친다. 승자는 멀리 떨어져 있고 고발당할 수 없다.

11. 후경(後景)으로서의 영원성. 동물들, 시간, 죽은 자들

"나는 그 어떤 여자도, 형제도, 친구도, 페보를 사랑한 것처럼 사랑한 적이 없다." 이 개의 이야기는 수많은 인간의 고통 가운데에서 단순한 하나의 에피소드 또는 연극 중간에 있는 막간과는 거리가 멀다. 역사에서 미군의 나폴리 입성은 부차적인 반면, 동물은 아득한 옛날부터 인간 삶의 동반자였다. 동족과 대면한 상태에서 인간은 결코 있는 그대로 자유롭게 살 수 없다. 한 사람의 힘은 다른 사람의 자유를 제한하기 때문이다. 동물과 마주하면 인간은 있는 그대로다. 인간의 잔인성은 자유가 된다. 인간과 동물의 관계는 인간 존재의 영원한 후경을, 절대로 떠나지 않을 (무시무시한) 거울을 구성한다.

『가죽』에서 사건의 시간은 짧지만, 무한정 긴 인간의 이야기는 늘 존재한다. 가장 현대적인 미군이 유럽에 들어오는 것은 나폴리의 고대 도시를 통해서다. 초현대적인 전쟁의 잔인성이 가장 고풍스러운 잔인성들로 이루어진 후경 앞에서 행해진다. 그렇게도 근원적으로 많은 것을 바꾼 세상은 동시에, 슬프게도 바뀔 수 없는 것으로 남는 것이 무엇인지, 바뀔 수 없게 인간적인 것으로 남는 것이 무엇인지 보게 만든다.

그리고 죽은 자들. 평화의 시대에는 죽은 자들이 매우 겸손하게만 우리 평온한 삶에 개입한다. 『가죽』이 말하는 시대에는 죽은 자들이 겸손하지 않다. 그들은 동원되었다. 그들은 어느 곳에나 있다. 장례식에 실어 갈 자동차가 없어, 죽은 자들은 아파트 안에, 침대 위에 그대로 남겨져 부패하고 악취를 풍긴다. 그들은 지나치게 많다. 죽은 자들은 대화, 기억, 잠 속으로 난입한다. "이 죽은 자들, 나는 그들을 미워했다. 그들은 이방인들, 모든 살아 있는 사람들의 공통 고국에서 유일한 존재들이며 진정한 이방인들이었다."

전쟁이 끝나 가는 순간은 진부한 동시에 근본적인, 영원한 동시에 잊히는 하나의 진실을 밝힌다. 살아 있는 사람들과 마주했을 때 죽은 자들은 압도적인 수적 우위를 점하는데, 그것은 단지 전쟁의 종식에서 오는 죽은 자들뿐 아니라, 과거의 죽은 자들, 미래의 죽은 자들을 포함한다. 자신들의 우위를 확신한 죽은 자들은 우리를 조롱하며, 우리가 사는 시간의 이 작은 섬을, 우리로 하여금 일체의 무의미, 일체의 덧없음을 이해하게 만드는 새로운 유럽의 이 미세한 시간을 조롱한다…….

옮긴이 **한용택** 서울대학교 사범대학 불어교육학과를 졸업하고 프랑스 부르고뉴 대학교에서 앙드레 말로 연구로 박사 학위를 받았다. 경기대학교 대우교수, 건국대학교 연구교수를 지냈다. 현재 단국대학교 스토리텔링센터 연구원으로 재직 중이며 서울대학교, 경기대학교, 건국대학교에서 강의를 하고 있다. 저서로『동화, 콘텐츠를 만나다』(공저), 『동화 속의 문화, 문화 속의 동화』(공저), 『다문화교육의 이해』(공저)가 있으며 옮긴 책으로 모파상의『광인?』, 『하나님의 이력서』, 『머리카락』, 『살아 있어 미안하다』, 『로맨틱 에고이스트』 등이 있다.

밀란 쿤데라 전집 14

만남

1판 1쇄 펴냄 2012년 3월 23일
1판 5쇄 펴냄 2023년 7월 20일

지은이 밀란 쿤데라
옮긴이 한용택
발행인 박근섭·박상준
펴낸곳 (주)민음사

출판등록 1966. 5. 19. 제16-490호
주소 서울특별시 강남구 도산대로1길 62 (신사동)
 강남출판문화센터 5층 (135-887)
대표전화 02-515-2000 | 팩시밀리 02-515-2007
홈페이지 www.minumsa.com

한국어 판 © (주)민음사, 2012. Printed in Seoul, Korea

ISBN 978-89-374-8414-8 (03860)
 978-89-374-8400-1 (세트)

* 잘못 만들어진 책은 구입처에서 교환해 드립니다.